Ruth Weiss · Wir sind alle Südafrikaner

Ruth Weiss

Wir sind alle Südafrikaner

Eine kurze Einführung in die Geschichte und Gegenwart Südafrikas

E.B. Verlag Rissen

Für Hildegard, Adelheid, Dorle, Marie und allen anderen Boykottfrauen.

Bildnachweis:
Pictorial History: S. 18,20,26,30,40,42,52,59,73,75
Emden, Randlords: S. 72
Maurois, Rhodes Trust, Oxford: S. 76
International Defence & Aid: S. 78, 115, 125
Afrapix/EMW: S. 80, 100, 120

CIP-Kurztitelaufnahme der Deutschen Bibliothek

Weiss, Ruth:
Wir sind alle Südafrikaner : e. kurze Einf. in Geschichte u. Gegenwart Südafrikas / Ruth Weiss. – Hamburg : EB-Verlag Rissen, 1986.

ISBN 3-923002-31-9

Lektorat: Roland Schade
Titelfoto: Afrapix
Karten: Peter Jebe
Satz und Druck: SOAK Druck- und Verlags-GmbH, Pablo-Neruda-Haus, Am Taubenfelde 30, 3000 Hannover 1
Printed in Germany

Inhaltsverzeichnis

Zu den Abbildungen:

Zu den Karten:

Vorwort

Anfang Dezember 1985 flog ich auf dem Weg von Harare, der Hauptstadt Simbabwes, nach Frankfurt über Johannesburg. Der Zufall wollte es, daß ich neben einem freundlichen, oder besser gesagt, höflichen Deutschen saß, der mir erzählte, er wolle zu Weihnachten seine Mutter in Deutschland besuchen, denn man wisse ja nie, wie lange... Ich fragte ihn, seit wann er in Südafrika lebe. „Seit zehn Jahren", antwortete er, und dann beschrieb er mit Begeisterung sein wunderschönes Haus in Northcliff, in einem der nördlichen Vororte von Johannesburg. „....dort oben am Berg; ich weiß nicht, ob Sie die Stadt kennen; die Aussicht ist einmalig — ich liebe dieses Land, verstehen Sie, ich lebe seit zehn Jahren dort — ich weiß, in Deutschland hätte ich kein so herrliches Leben."

Ich entgegnete, daß nicht jeder dieses herrliche Land auf diese Weise genießen könne. „Da haben Sie Unrecht", meinte er. „Ich weiß, man wird mir viele Fragen stellen und mich angreifen. Aber ich habe mir einen Berg von Zeitungsausschnitten mitgenommen — die Regierung will doch nur das Beste für alle. Und außerdem ist es schon lange nicht mehr so wie früher. Man ist höflich zueinander; zu unserem Boten im Büro, der Tee macht und die Post abfertigt, sagen wir immer ‚bitte' und ‚danke',..."

Ich fragte höflich weiter: „Was machen Sie in Südafrika?" Etwas vorsichtiger, durch meine scheinbar offene Mißbilligung seines herrlichen Lebens verunsichert, antwortete er: „Ich leite eine deutsche Firma. Sie müssen das verstehen — weder die Firma, noch ich, sind auf Lebzeiten dort; wir sind nur daran interessiert, unseren Gewinn zu machen."

So einfach ist das. Ich schwieg. Er fuhr dann fort: „Aber — Sie müssen doch zugeben, das Land gehört den Weißen. Sie waren zuerst da — ehe die schwarzen Horden vom Norden kamen." Ich fühlte eine große Wut in mir hochkommen und überlegte, ob ich mir einen anderen Platz suchen sollte. Aber vielleicht wußte er es wirklich nicht besser! „So — die Weißen waren zuerst da", wiederholte ich. „Haben Sie sich mal überlegt, wo das Vieh herkam, das die Neuankömmlinge am Kap der Stürme hielten? Die hatten doch keine einzige Kuh auf ihren Schiffen mitgebracht."

Er schwieg einen Augenblick. „Nein, ehrlich gesagt, die Frage ist mir nie gekommen — aber das Vieh wurde doch den Hottentotten abgekauft, und die hatten doch mit den anderen Schwarzen nichts zu tun. Außerdem sind die heute ausgestorben."

Ich antwortete scharf: „Das stimmt nicht."

Er sah mich erstaunt an. „Was soll das heißen?"

Ich sah mich wieder nach einem freien Platz um. „Diese Aussage gehört zur Propaganda der südafrikanischen Regierung. Sie werden mir sicher auch sagen, daß jeder Afrikaner in Südafrika besser verdiene als in irgendeinem anderen schwarz-afrikanischen Land." Er lächelte weiter freundlich. „Das ist doch nicht zu leugnen!" Ich schüttelte den Kopf. „Das ist zu leugnen, weil es nicht stimmt, und wo es stimmt, gibt es gute Gründe dafür — wie etwa in Mosambik."

Darauf ging er sofort ein. „Ja, genau. Haben Sie Lourenço Marques gekannt. Was war das für eine herrliche Stadt — und nachdem die Weißen weg waren..." Ich ergänzte „...und die Südafrikaner die Opposition mit Waffen unterstützten ... Wissen Sie, ich glaube nicht, daß wir uns einig werden können. Sie leben in Ihrem hübschen Haus am Berg in Northcliff — wissen Sie auch, wie Ihr Bote wohnt, zu dem Sie immer ‚bitte' und ‚danke' sagen?"

Er sah mich wehleidig an. „Sicher. Ich war einmal in Soweto, mit einem Touristenbus; sonst kommt man dort nicht hin." „Wenn man will, schon. Wissen Sie, daß in diesem Land, in dem Sie so schön leben, alle vier Minuten ein Afrikaner festgenommen wird — wegen eines Paßvergehens?" Für diese Art von Befragung hatte er sich gewappnet. „Weiß ich — schon vor den augenblicklichen Unruhen war das so — aber das ist doch nichts anderes, als wenn ein deutscher Autofahrer immer seinen Führerschein und andere Papiere im Wagen haben muß." Ich sah ihn schweigend an, und er meinte dann etwas verlegen, „na ja, vielleicht nicht ganz so, aber so ähnlich", und er fügte die letzte Beleidigung noch schnell hinzu: „Übrigens sind die das doch gewöhnt."

Ich sah, daß kein anderer Platz frei war und vertiefte mich in meinen Krimi. Beim Lesen störte mich der Gedanke, daß ich nun nie mehr erfahren würde, was er gemeint hatte, ob „die" es gewohnt waren, ihren „dompas", ihren Ausweis, bei sich zu haben oder ins Gefängnis zu kommen?

Eine Fortführung des Gesprächs schien mir unmöglich zu sein, doch ich nahm mir fest vor, so schnell wie möglich dieses kleine Buch fertig zu schreiben, damit nicht jeder glauben muß: „Es war einmal ein menschenleeres Land, in dem sich weiße Siedler niederließen..."

Einführung

„Apartheid hat Südafrika zum ‚Stinktier der Welt' gemacht" — so meinte einmal ein südafrikanischer Außenminister. Wie andere Südafrikaner auch, fand er diese Tatsache unverständlich. Schließlich gäbe es viele Länder, die nicht pausenlos an den Pranger gestellt würden, in denen aber ebenfalls die Menschenrechte, oft noch krasser, verletzt würden.

Auch wenn dem so ist, ist Südafrikas Gesellschafts- und Wirtschaftssystem, das unter dem Namen „Apartheid" bekannt ist, dennoch einzigartig. Südafrika ist das einzige Land der Welt, das Rassendiskriminierung verfassungsmäßig und gesetzlich festgelegt und Versuche unternommen hat, seine eigenen Bürger, die noch dazu einst offiziell als „Eingeborene/Einheimische" oder „natives" bezeichnet wurden, auszubürgern. Es erinnert in dieser Hinsicht an Nazideutschland.

Viele Aspekte der Rassendiskriminierung ähnelten sehr den Nürnberger Gesetzen. Das Verbot der Eheschließung zwischen Mitgliedern verschiedener Rassen wurde 1950 verabschiedet. Zur selben Zeit wurde ein Gesetz aus den zwanziger Jahren (1927), das außerehelichen Geschlechtsverkehr zwischen Weißen und Schwarzen zum Vergehen macht, verschärft. Beide Gesetze wurden 1985 im Zuge einer Reformwelle abgeschafft — aber zu der Zeit war die Empörung der schwarzen Mehrheit bereits über den Protest gegen derartige Bestimmungen hinausgegangen; schließlich betrafen sie nur einen kleinen Teil der schwarzen Südafrikaner. Ihre Empörung gilt den starken Unterschieden in Lebensstandard und Lebensstil zwischen Schwarz und Weiß und der Tatsache, daß die Regierung nur über sie verfügt, statt direkt mit ihnen zu verhandeln. Verhandlungspartner sind nur Führer, die von der weißen Regierung bestimmt werden.

Seit 1984 brennt es in Südafrika. Immer wieder brechen Unruhen aus, vor allem in schwarzen Vororten der weißen Städte, in denen zwischen September 1984 und Mitte 1986, also innerhalb von 24 Monaten, über 1600 Menschen ums Leben gekommen sind. Die schwarze Minderheit verlangt ihre Bürgerrechte, das Ende der Apartheid und die Freilassung ihrer seit Jahrzehnten inhaftierten Führer. Es geht um einen Machtkampf zwischen der schwarzen Mehrheit und der weißen Minderheit, die seit 1910 das Land beherrscht und die 1948 die Apartheitspolitik gesetzlich eingeführt hat.

Apartheid heißt Trennung, und im südafrikanischen Sinn, Rassentrennung. Die Bevölkerung des Landes besteht aus Weißen, Schwarzen, „Mischlingen", Indern und einer kleinen Anzahl Chinesen.

Im Zuge ihrer Wahlkampagne des Jahres 1948 benutzte die Nationale Partei — Nasionale Party (NP) — die Parole der „Apartheid" und ahnte nicht, daß dadurch eine Lawine ins Rutschen kommen würde. 1948 wollte die NP-Führung lediglich ihren weißen Wählern — damals alle Mitglieder der afrikaans-sprachigen Gruppe der weißen Südafrikaner — versichern, daß sie der „swart gevaar", der schwarzen Gefahr, mit Entschlossenheit begegnen würde.

Nachdem die NP die Wahl gewonnen hatte, mußte die Parole von der Rassentrennung in die Realität umgesetzt werden. Zuerst kamen die Rassengesetze, die die Bevölkerung offiziell nach Rassen einteilte und festlegte, wo und wie die verschiedenen Gruppen leben und arbeiten sollten. Darauf folgten die Sicherheitsgesetze, um die neue Ordnung zu schützen. Die Opposition wurde immer stärker unterdrückt.

1960 wurden die beiden schwarzen Parteien (ANC und PAC) verboten, Südafrika wurde zum Polizeistaat und in den siebziger Jahren zu einer die Region beherrschenden Militärmacht. Für die Weißen ist ihr Land eine Demokratie, für die Nicht-Weißen eine Militärdiktatur. Um die Apartheid zu Hause zu schützen, eröffnete die NP-Regierung im Hinterland — im südlichen Afrika — eine zweite Front. Sie versuchte, durch immer stärkeren wirtschaftlichen und militärischen Druck auf die Nachbarländer zu verhindern, daß von dort aus Mitglieder der Befreiungsbewegungen — der verbotenen, nun im Untergrund und im Exil tätigen Parteien — über die Grenze kommen können.

Doch Apartheid begann nicht erst 1948. Apartheid, im Sinne von Rassendiskriminierung, von Privilegierung der Weißen und weißer Herrschaft, hatte mehrere Ursachen. Sie ist zum einen das Ergebnis jener Sklavenhaltergesellschaft am Kap, die von Mitte des 17. bis zum Beginn des 19. Jahrhunderts bestand, zum anderen das Resultat der Kämpfe, die zwischen den verschiedenen Bevölkerungsgruppen durch Jahrhunderte hindurch ausgetragen wurden.

Streitigkeiten gab es zwischen Menschen holländischer, deutscher und französischer Abstammung, also den Weißen auf der einen Seite und zwischen den einheimischen Völkern auf der anderen. Die weißen Siedler widersetzten sich außerdem den britischen Imperialisten. Im übrigen kämpften alle Weißen, egal welcher Herkunft, gemeinsam gegen die Afrikaner.

Dunkelhäutige Sklaven verrichteten im 18. Jahrhundert am Kap Schwerstarbeit; Einheimische, sogenannte freie Schwarze, wurden im 19. Jahrhundert zur Arbeit gezwungen und ihres Landes beraubt. Schließlich spielten jedoch das internationale Kapital und der britische Kolonialismus bei der Herausbildung der Apartheid eine Rolle.

Die Nachkommen der ersten Siedler wollten unabhängig von den neuen liberal-humanistischen Strömungen des 19. Jahrhunderts weiter Ackerbau und Viehzucht betreiben, jedoch auf dem Land, das Schwarzen gehörte. Die Briten wollten ihre Einflußsphäre im südlichen Afrika, die ihnen im Wettlauf der Europäer um afrikanische Gebiete im letzten Viertel des 19. Jahrhunderts zugesprochen worden war, schützen. Sie sahen ihre Ansprüche durch das Eintreffen der Deutschen an der Atlantikküste sowie durch einheimische Völker, die bereits jahrhundertelangen Widerstand gegen weiße Siedler geleistet hatten, gefährdet. Gleichzeitig war den Briten das eigensinnige Volk der Buren, jene Nachkommen der ersten holländischen Siedler aus dem 17. Jahrhundert, im Weg. Es war schwierig für die Briten, ihre eigenen Interessen mit jenen der anderen zu vereinbaren. Dazu kam gegen Ende des 19. Jahrhunderts die Entdeckung von Bodenschätzen im südlichen Afrika, die sogleich für die Industrienationen von großem Interesse waren.

Apartheid war das Ergebnis aller Konflikte, die unausweichlich aus diesen widerstrebenden Interessen folgten. Die Briten verachteten die Buren, die Buren haßten die Briten, beiden waren die einheimischen Völker unverzichtbar und verächtlich zugleich.

Die Buren brauchten das Land und die Arbeitskraft der Schwarzen, die Briten brauchten die Arbeitskraft beider für die neuen Bergwerke und die sich entwickelnden Industrien des 20. Jahrhunderts. Die Schwarzen verloren ihr Land, die Buren ihre Unabhängigkeit. Beide wurden in den Prozeß industrieller, kapitalistischer Wirtschaftsweise eingebunden.

Die Schwarzen verloren am meisten. Zu Beginn besaßen sie noch die für die traditionelle Wirtschaft notwendigen Produktionsmittel — Land, Vieh und Arbeitskraft. Während die Weißen ihren Ackerbau ausdehnten, mußten die Afrikaner ihr Land abtreten und ihre Arbeitskraft für andere einsetzen. Die schwarzen Völker durften nicht einmal mehr für die neue Industriegesellschaft Nahrungsmittel produzieren; das war den Buren vorbehalten. Die Afrikaner wurden zu Handlangern auf weißen Farmen, in Fabriken und in Bergwerken degradiert.

Südafrika ist heute ein hochtechnologisierter Staat, für den Welthandel von Bedeutung und der wichtigste Goldproduzent der westlichen Industriestaaten. Nahrungsmittel werden für den Binnenmarkt, wie für den Export auf großen Plantagen mit billigen Arbeitskräften produziert — und die Afrikaner, die Ureinwohner des Kontinents, können wenig Nutzen aus diesem Wirtschaftssytem ziehen.

Es ist den Buren und den Briten gelungen, die Schwarzen nach dem alten Motto „teile und herrsche“ zu unterdrücken. Heute gibt es große Unterschiede zwischen schwarzen Land- und Stadtbewohnern; auch das ist die Folge einer Politik, die Menschen auf der Basis von „Volkszugehörigkeit“ voneinander unterscheidet und trennt. In den Städten hat sich eine kleine schwarze Mittelschicht entwickelt, die sich von den Arbeitern abhebt; auch der ständige Stadtbewohner hat wenig mit dem „Wanderarbeiter“ aus den sogenannten Heimatgebieten, den „homelands“, gemeinsam.

Der Druck der Apartheidsgesellschaft, der tägliche Existenzkampf in der Stadt und auf dem Land, hetzt die Menschen gegeneinander auf — geschürt von der weißen Verwaltung.

Schon vor Jahrhunderten hatte ein Prozeß innerhalb der schwarzen Gesellschaften im südlichen Afrika eingesetzt, der ein friedliches Zusammenleben der verschiedenen afrikanischen Stämme ermöglichte. Sie hatten begonnen, sich von der Subsistenzwirtschaft — also von der bloßen Produktion für den Eigenbedarf — auf Marktproduktion umzustellen. Sie trieben Handel untereinander, aber auch mit den Portugiesen und Arabern an der Ostküste des Kontinents.

Dieser Prozeß wurde durch die Ankunft der Siedler unterbrochen, und die Entwicklung der Wirtschaft der Weißen hatte die Unterentwicklung und Armut der Schwarzen zur Folge. Dies, und nicht nur die Entwicklung der Apartheid, sind die Tragödie und das Unrecht der Republik Südafrika.

Daten zur Republik Südafrika

Heute hat die Republik Südafrika (RSA), die 1910 gegründet wurde, eine Gesamtfläche von 1221042 km². Die Bevölkerung wurde 1984 auf etwa 33 Millionen geschätzt: 73% Afrikaner, 15% Weiße, 9% „Mischlinge“ und 3% Asiaten.

Das Land grenzt — aufgrund der illegalen Besetzung Namibias (des früheren Deutsch Südwest-Afrikas) durch die RSA — im Nordwesten an Angola, im Westen an den Atlantik, im Osten an den Indischen Ozean, im Nordosten an Mosambik sowie an Swasiland; im Norden trennt der Limpopo die RSA von Simbabwe, und sie grenzt an das landumschlossene Botswana. Das kleine bergige Königreich Lesotho wird völlig von der RSA eingeschlossen.

Südafrika ist in vier Provinzen und zehn sogenannte afrikanische Heimatgebiete untergliedert. Letztere machen lediglich 13% der Gesamtfläche aus und sind offensichtlich unzureichend, um 73% der Bevölkerung zu ernähren. Etwa die Hälfte der Afrikaner lebt auch nicht dort, sondern in „Weiß“-Südafrika.

Die Hafenenklave Walvisbay in Namibia muß ebenfalls zu Südafrika gerechnet werden, da dieses Gebiet von Großbritannien kolonialisiert und an Südafrika abegegeben wurde, auch wenn es territorial ein Teil von Namibia ist.
Die offiziellen Sprachen sind Englisch und Afrikaans.

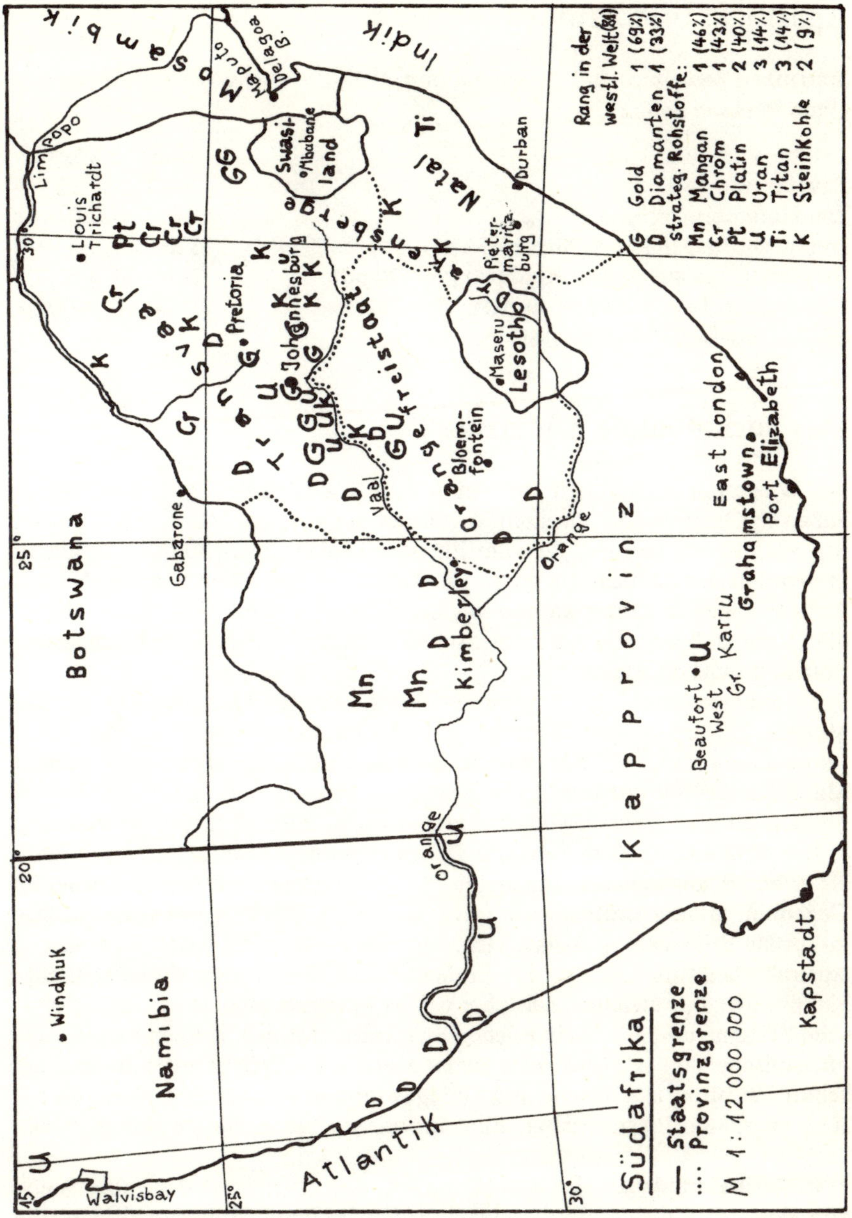

Südafrika und seine Bodenschätze

Apartheid und Armut

Statistiken beweisen, daß Apartheid und Armut der schwarzen Bevölkerung Hand in Hand gehen:

	Schwarz	Weiss
Bevölkerung %	85	15
Landaufteilung %	13	87
Durchschnittsgehalt pro Monat (Rand)	320	1.350
Erziehung: Ausgaben pro Kind pro Jahr (Rand)	280	1.654
Gesundheit: Bevölkerung pro Arzt	40.000	400

(Quelle: Christian Aid, London, 1986)

Das vorkoloniale Südafrika

Die Wiege der Menschheit steht in Afrika. Vor etwa drei Millionen Jahren haben in Ostafrika die direkten Vorfahren der heutigen Menschheit gelebt, wie Skelettreste belegen, die vom Ehepaar Leakey in der Olduvai Schlucht im Norden des Landes, das heute Tansania heißt, gefunden wurden. Neuere Ausgrabungen in Ostafrika und weitere Funde im südlichen Afrika stützen die These, daß sich die ersten menschenähnlichen Wesen auf afrikanischem Boden entwickelt haben.

Es dauerte lange, ehe aus diesen Geschöpfen in Ostafrika der heutige Mensch geworden war; feststeht, daß Afrika stets im Mittelpunkt dieser Entwicklung stand. Werkzeugfunde am Vaal-Fluß in Südafrika, oder auch in Marokko, deuten auf eine frühe kulturelle Entwicklung in diesem Erdteil hin. Die ältesten Äxte, sogenannte Handäxte, wurden in Afrika gefunden.

Der afrikanische Kontinent war keineswegs unbesiedelt oder unkultiviert, als er im 16. Jahrhundert zum ersten Mal von Europäern betreten wurde. Im Gegenteil; andere Erdteile, wie etwa Australien, standen in bezug auf ihre kulturelle Entwicklung Afrika nach. Als zum Beispiel die ersten Europäer in Australien eintrafen, lebten alle Einheimischen dort noch auf steinzeitlicher Kulturstufe. Zur gleichen Zeit aber gab es in Afrika weit entwickelte politische Systeme und gesellschaftliche Organisationformen. Zudem hatten viele afrikanische Völker, als sie zum ersten Mal mit Europäern zusammentrafen, schon Verfahren zur Eisen- und Goldgewinnung entwickelt und lebten bereits im späten Eisenzeitalter. Eine Bronzezeit hat es nirgendwo in Afrika gegeben.

In Afrika ernährten sich die Menschen, wie überall auf der Erde, zuerst von dem, was die Natur bereitstellte. Die Männer gingen auf Jagd, die Frauen sammelten eßbare Kräuter, Wurzeln, Pilze und Früchte. Ethnologen nennen diese Periode oder Wirtschaftsweise alt-steinzeitlich und unterschei-

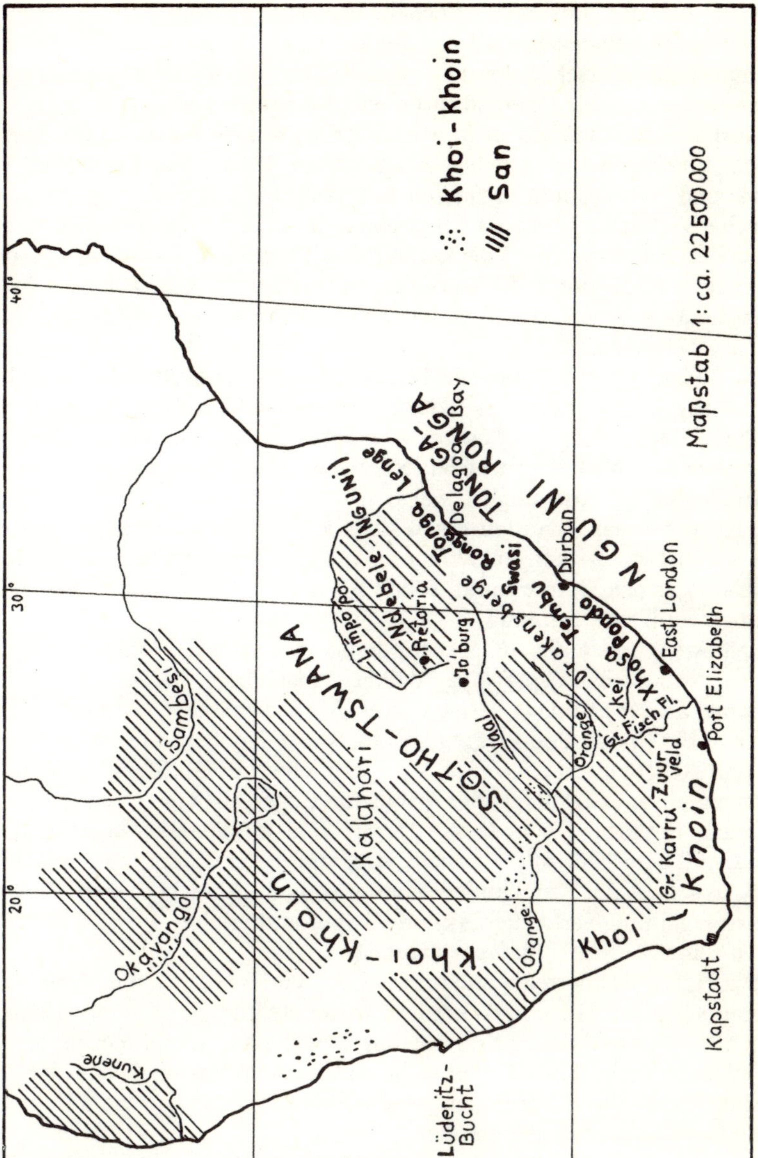

Bevölkerung des südlichen Afrika bei der Ankunft der Holländer

den sie von der jung-steinzeitlichen, während der die Frauen begannen, Ackerbau zu entwickeln und die Sippen anfingen, ein seßhaftes Leben zu führen. Beide Wirtschaftsformen existieren bis auf den heutigen Tag nebeneinander, durch viele Übergangsformen miteinander verbunden.

Jahrhundertelang hatte es in Afrika bereits Rinder, Schafe und Ziegen gegeben. Viehhalter lebten neben Ackerbauern, Jägern und Sammlern. Viehhalter und Ackerbauern ergänzten ihre Nahrung durch die Jagd, wie auch manche Viehhalter Ackerbau betrieben, wenn die Niederschläge und die Böden es zuließen. Die Viehhaltung war in großen Teilen Afrikas durch Seuchen, z. B. die durch die Tsetsefliege übertragene Nagana, eingeschränkt. Vieh diente während der Vorkolonialzeit neben anderen Gütern und Mitteln als Wertmaßstab.

Im Süden Afrikas waren die Regenfälle stets unregelmäßig. Östlich der Drakensberge, am Indischen Ozean, konnte man sich am ehesten auf regelmäßige Niederschläge verlassen. Ein guter Boden garantierte dort auch Winterweiden. Viel Regen bedeutete zudem, daß regelmäßiger Anbau von Getreide und Gemüse möglich war.

Jahrhundertelang wurden die Wälder auf den Drakensbergen abgeholzt und durch Gras ersetzt. Im Winter sinken die Temperaturen in den Bergen oft bis unter den Gefrierpunkt, sodaß Schneefälle nicht selten sind und das Vieh geschützt werden muß.

Spätestens Mitte des 16. Jahrhunderts, aber wahrscheinlich schon lange vorher, waren bantusprachige Völker, Angehörige der ngunisprachigen Stämme, an der Ostküste des südlichen Afrika ansässig geworden; zu ihnen gehören die Xhosa, Pondo, Fingu, Zulu, Swasi, Ndebele. Sie waren Viehhalter und Ackerbauern aber auch Jäger. Sie lebten in Großfamilien unter der Führung eines Häuptlings, der Tribut für Gegenleistungen, wie Schutz vor Feinden, forderte. Doch da die Dörfer weit auseinander lagen und eine Großfamilie auf sich allein gestellt war, mußte der Häuptling die Wünsche und Ansichten der Familienoberhäupter stets in Betracht ziehen. Ein unbeliebter Häuptling verlor Respekt und Tribut und erlebte, wie sich die Untertanen seiner Autorität einfach entzogen.

Die Nguni wanderten ständig zwischen Winter- und Sommerweiden. Sie bauten vor allem Hirse und Gemüse, später auch Mais an, und wußten, wie man die Pflanzen gegen Krankheiten, Vögel und Heuschrecken schützte. Sie wußten auch, daß im Winter die Milchproduktion sank und daß Trokkenheit kleine Ernten bedeutete, deshalb mußte stets Getreide und getrocknetes Gemüse gespeichert werden.

Bis gegen Ende des 18. Jahrhunderts blieb das Land relativ unbeeinflußt. Jede Ngunifamilie hatte genügend Raum und konnte autark recht gut leben. Das verhinderte die Entstehung eines starken, zentralen, politischen Systems. Verteidigung spielte keine große Rolle. Gab es einmal Auseinandersetzungen mit Nachbarn, und diese waren nicht zu regeln, oder man unterlag in dem Konflikt, zog man an einen anderen Ort.

Die politische Organisation eines Stammes mit Dorfältesten, Häuptlingen und Königen ist ein Teil der Kultur der bantusprachigen Völker, der vom Gesichtspunkt der Religion her wichtig ist. Traditionellerweise glauben Afrikaner an eine einzige Gottheit und an Ahnengeister, die in strikter Hierarchie in der Geisterwelt ihre Rolle spielen und ins Leben der Nachkommen eingreifen. Es sind die Ahnengeister, die um Regen oder bei anderen Krisen angefleht werden. Da Häuptlinge zu großen Ahnengeistern werden, sind ihre Nachkommen ebenfalls bedeutend. Auch Menschen, die als Medien von Geistern besessen sind, spielen eine wichtige Rolle im gesellschaftlichen Leben, genau wie traditionelle Heiler, die in die Geheimnisse der Kräfte wilder Pflanzen eingeweiht sind.

Die gesellschaftlichen Strukturen anderer einheimischer Völker im südlichen Raum des Kontinents waren denen der ngunisprachigen Stämme ähnlich. Die Umweltbedingungen spielten jedoch für die jeweilige Gruppe die ausschlaggebende Rolle. Westlich der Drakensberge, wo der Regen spärlicher fällt, lebten die Einwohner primär von der Viehzucht. Dort gab es keine Tsetsefliegen, das war für die Rinderherden und das Wild günstig. Hier siedelten die sothosprachigen Völker.

Entlang der Kalahariwüste, wo die Möglichkeiten, Ackerbau zu treiben, sehr begrenzt waren, lebten tswanasprachige Stämme, die sich in großen stadtähnlichen Dörfern angesiedelt hatten, wahrscheinlich wegen der dort vorhandenen reichen Wasservorkommen. Während die Männer bei ihren Herden waren, versuchten die Frauen, trotz der geringen Regenfälle, Ackerbau zu betreiben – häufig waren die Familien längere Zeit voneinander getrennt. Die Tswana und ihre Vettern auf der anderen Seite des Limpopo, die Shona, die ebenfalls in größeren Siedlungen lebten, konnten sich auf bestimmte Handwerke, wie Eisenschmiederei, Gerberei und Schneiderei spezialisieren.

Die tswanasprachigen Völker trieben untereinander Handel, dehnten ihre Handelsbeziehungen aber nicht wie die Shona bis zur Ostküste aus. Die Eisen- und Goldschmiede der Shona bildeten lange Zeit das Zentrum des Handelswesens in Zentralafrika.

Entlang des Limpopo wohnten einige kleinere Stämme, wie die Venda, Pedi und Tsonga, ebenfalls viehhaltende Völker, die etwas Ackerbau betrieben.

An der Atlantikküste, im Westen, lebten andere Viehhirten, die Herero. Sie waren mit den Ovambo im Norden ihres Landes (dem heutigen Namibia) verwandt, hatten aber nicht wie diese Zugang zu gut bewässerten Gebieten. Deshalb konzentrierten sich die Herero auf Viehzucht, während die

Ovambo, die in der Nähe des Kuneneflusses lebten, neben Viehzucht auch Ackerbau betrieben.

Der äußerste Süden der Region war trocken und nicht so anziehend wie das übrige Land. Hier lebten die halbnomadischen Khoi-Khoistämme in Nachbarschaft mit den San, Jägern und Sammlern (im Dt. Buschmänner genannt), die von Weißen niemals verstanden und einfach als primitiv bezeichnet wurden. Beide Völker gehören nicht zur Sprachfamilie der Bantu. Sie lassen sich nicht bestimmten Kulturstufen zuordnen. Die San benutzten Steinwerkzeuge, aber Pfeilspitzen aus Eisen. Einzelne oder Gruppen schlossen sich Nguni-Dörfern an und halfen bei der Jagd. Die meisten San zogen es aber vor, in Kleingruppen durch ihre Jagdgründe zu ziehen.

San und Khoi-Khoin sind älter als die dunklerhäutigen bantusprachigen Völker, denen sie nach Süden auswichen. Die Khoi-Khoin prägten für sie und sich den Begriff Khoisan — eine Wiedergutmachung unter dem Druck gemeinsamer Feinde, denn „San" war zunächst eine herablassende Bezeichnung der Khoi-Khoin für ihre kleineren Brüder und Schwestern. Sie stellten sich nun mit ihnen gleich.

Die Khoisan waren die ersten einheimischen Völker, mit denen die Weissen am Kap der Guten Hoffnung zusammentrafen.

Zusammenfassung

Vor der Ankunft der Weißen gab es im südlichen Afrika einheimische Völker, die von der Viehzucht, dem Ackerbau und der Jagd lebten. Einige von ihnen trieben untereinander Handel, andere nahmen am Fernhandel über die Ostküste teil.

Im Osten lebten die ngunisprachigen Völker, die von Viehzucht, Ackerbau und Jagd lebten, im Norden die Tswana, Tsonga, Venda, Pedi, die vor allem Viehhalter waren, aber nebenbei auch Ackerbau betrieben. Im Westen lebten die Ovambo, die Ackerbau und Viehzucht als Lebensbasis hatten, und die Herero, die große Viehherden hielten. Im Süden lebten die San, Sammler und Jäger, sowie die Khoi-Khoin als Viehzüchter.

Dieses mehr oder weniger harmonische Zusammenleben wurde durch die Ankunft der Europäer am Kap im 17. Jahrhundert jäh unterbrochen.

Die ersten 150 Jahre: Land, Vieh und Sklaven

Die Buren

Es ist ein beliebtes Argument von Seiten der weißen Regierung in Südafrika, zu behaupten, daß die ersten Siedler in einen menschenleeren Raum kamen.

In der Tat lernt jedes Kind, das in Südafrika zur Schule geht, daß die Geschichte des Gebietes, das heute die Republik Südafrika umfaßt, mit dem Jahr 1652 beginnt. Die Geschichtsbücher vergessen die afrikanische Vergangenheit, lehren alle Ereignisse lediglich aus weißer Sicht und geben sich auch kaum Mühe, zu erklären, wieso sich in einem menschenleeren Raum „Hottentotten", mit denen man Viehhandel betreiben konnte, aufhielten. Man versucht das zu erklären, indem man einfach behauptet, daß es sich um Nomadenvölker handelte, die durch die Ankunft der Weißen angezogen worden waren, um ihr Vieh gegen Ware einzutauschen. Von den Weiden, die jenes Vieh brauchte und auf die ihre Besitzer Anspruch hatten, ist nie die Rede.

Selbstverständlich fing die Geschichte des südlichen Afrika nicht mit dem Eindringen der Europäer im Jahr 1652 an. Bereits vor 1652 waren Weiße an der südlichsten Spitze des Kontinents an Land gegangen. Der portugiesische Seefahrer Bartolomeu Diaz umsegelte 1488 das Kap, das er „Kap der Stürme" nannte. Das ermöglichte die Reise seines Landsmannes Vasco da Gama im Jahr 1497 nach Indien. Zahlreiche Schiffe legten am Kap an, aber es war zuerst die Vereinigte Ostindische Kompanie (VOC) der Niederlande, die sich Mitte des 17. Jahrhunderts entschloß, eine Versorgungsstation am Kap, das inzwischen in „Kap der Guten Hoffnung" umbenannt worden war, zu errichten. Die Kompanie hatte ihren Handelsschwerpunkt in Batavia (heute Djakarta), das nur nach einer beschwerlichen Reise von etwa sechs Monaten zu erreichen war. Das Kap der Guten Hoffnung, auf halbem Wege, schien ein geeigneter Stützpunkt zu sein. Die Direktoren der Kompanie, die Herren XVII, hatten zunächst nicht vor, am Kap eine Kolonie zu gründen. Im Gegenteil, sie sträubten sich stets, den Wünschen der Siedler nachzukommen und ihre Verwaltungsverantwortung ins Innere der Halbinsel auszudehnen. Den Herren XVII ging es darum, die Krankheitsrate unter den Schiffsbesatzungen zu senken, um dadurch die Verluste im Ostindienhandel zu vermindern.

So lautete der Auftrag, den der ehemalige Schiffsarzt Jan van Riebeeck mit sich trug, als er auf dem Dreimaster „Dromedaris", der von zwei weiteren Schiffen begleitet wurde, zum Kap segelte, dafür Sorge zu tragen, daß für die Schiffe frisches Wasser und Proviant zur Verfügung stünden. Wie er das bewerkstellige, sei seine Sache.

Es befanden sich 200 Menschen auf den drei Schiffen, von denen 80 am Kap blieben. Nur wenige Familien waren darunter. Van Riebeeck selbst reiste mit seiner Familie und zwei Nichten, die sich am Kap verheirateten. Die meisten Neuankömmlinge waren Holländer; es war aber auch eine Anzahl Deutscher an Bord.

Am 6. April 1652 erblickte Jan van Riebeeck den Tafelberg, jenen flachen Berg an der Tafelbucht, über dem häufig eine Wolke schwebt, die oft als Tischdecke beschrieben wurde.

Van Riebeeck wußte, daß einheimische Völker große Viehbestände besaßen. Er plante, von ihnen Vieh zu kaufen und seine Männer Viehzucht betreiben zu lassen. Außerdem wollte er vor dem Tafelberg Kleingärten anlegen lassen und hoffte, daß man am Kap Weizen anbauen könne.

Zuerst jedoch mußten Behausungen und eine Festung gebaut werden. Van Riebeeck befürchtete wohl, daß er mit Angriffen von Seiten der Einheimischen würde rechnen müssen, wenn sie sein Vorhaben, eine Niederlassung zu errichten, begriffen hatten.

Van Riebeecks Plan, dem Auftrag der Herren XVII durch Einführung einer intensiven Landwirtschaft nachzukommen, stellte sich als unmöglich heraus. Der Boden am Kap war nicht für diese Art von Ackerbau geeignet. Van Riebeeck schlug deshalb vor, ein weiteres Gebiet — das spätere Rondebosch — für Siedler zu erschließen. Er rechnete damit, daß mindestens 1.000 Kleinbauern dort leben könnten. Auch diese Rechnung ging nicht auf. In seinem Abschlußbericht, zehn Jahre nach seiner Ankunft, schrieb van Riebeeck an seinen Nachfolger, daß das Gelände sich nicht für intensive Landwirtschaft eigne. Der lange trockene Sommer erzwinge großflächige Viehzucht und schränke den Ackerbau ein: Tatsachen, denen die einheimischen Viehhirten schon längst Rechnung trugen.

Die großen Weiden bedeuteten, daß das Sammeln von Dünger, wie es in den Niederlanden praktiziert wurde, nicht möglich war, und einen Ersatz gab es nicht. Dies erzwang einen neuen Landwirtschaftsstil für die Neuankömmlinge, den extensiven Ackerbau. Als von Riebeeck das Kap verließ, lebten in dem Tal entlang des Liesbeekflusses, wo er 1000 Kleinbauerniederlassungen geplant hatte, 15 Großbauern.

Van Riebeeck hatte aber noch andere Probleme. Die weißen Angestellten der Kompanie wollten nicht in deren Diensten bleiben, sie wollten freie Bürger werden.

Die Kompanie war ein strenger Arbeitgeber, der nur wenige Holländer in seine Dienste locken konnte. Bei Deutschen war das leichter, da der Dreißigjährige Krieg viel Verwüstung angerichtet hatte. Kleinbauern und Handwerker waren bereit, ihre Dienste als Söldner und am Kap als Siedler anzubieten.

Van Riebeeck war bewußt, daß er mit freien Bürgern mehr Erfolg erzielen konnte als mit unwilligen Dienern der Kompanie. Er drang darauf, daß Freibriefe verteilt wurden. Bereits fünf Jahre nach seiner Ankunft konnte er neun Freibürger — darunter fünf Deutsche — östlich des Tafelbergs ansiedeln.

So wurde der erste Schritt aus der engen Tafelbergenklave gewagt. Obwohl sich in den ersten 30 Jahren der Kapbesiedlung der Bereich der Europäer nicht weiter als etwa 80 km vom Kap ausdehnte, war trotzdem ein Modell entstanden, das den Weißen später ermöglichte, ins Landesinnere vorzudringen. Es war lediglich eine Frage der Zeit und der Macht, die Khoi-Khoin zurückzudrängen und das Problem der San, die das Vieh der Siedler abschossen, bewältigen zu können.

In den Jahren der Kapverwaltung durch die Kompanie, von 1652 bis 1796, gab es stets Konflikte zwischen Freibürgern und der Kompanie. Letztere bestand auf ihrem Monopolrecht, auch wenn sie das eine oder andere Monopol an bestimmte Bürger gegen Bezahlung abtrat. Die Kompanie war eine Handelsorganisation und ausschließlich an ihren eigenen Geschäften interessiert. Sie erlaubte nicht einmal, daß Bürger gesammeltes Holz direkt an die Schiffe verkauften. Selbstverständlich führten derartige Vorschriften zum Schmuggel; sie hatten aber auch zur Folge, daß selbst die Bauern, die Buren, die ins Innere des Landes zogen und deswegen Trekburen genannt wurden, stets an die Kompanie gebunden blieben. Der Binnenmarkt war zu klein, und nur der Handel mit den Schiffensbesatzungen machte die Viehzucht rentabel.

Die Kompanie erhob Steuern und lieferte dafür die Verwaltungsdienste, die in ländlichen Gebieten von „landdrosts“ zusammen mit einem kleinen Gefolge berittener Polizisten wahrgenommen wurde. Der „landdrost“ wurde von einem Bezirkssekretär und einem unbezahlten Bürgerrat unterstützt. Ihm oblag auch die Organisation der Bürgerwehr, der „kommando“. Jeder Farmer hatte einen bewaffneten Mann zu Pferd zu stellen. Manchmal waren das auch Khoi-Khoinknechte, die genauso gut wie die Buren mit Pferden und Gewehren umgehen konnte.

Innerhalb von drei Jahren (1657 bis 1660) war die Zahl der Freibürger, die Landwirtschaft in der Nähe des Kaps betrieben, von 9 auf 105 gestiegen. Die Methode der extensiven Landwirtschaft hatte sich bewährt.

Nicht jeder Freibürger blieb auf dem ihm zugewiesenen Land. Einige kehrten nach Kapstadt zurück, um sich dort ihren Lebensunterhalt zu verdienen. Dazu boten der Handel und die Dienstleistungen als Handwerker, Ärzte oder Notare Möglichkeiten.

Die Erfolglosigkeit der intensiven Landwirtschaft war nicht nur dem Klima zuzuschreiben. Die Herren XVII waren sehr sparsam und zu wenig an den Entwicklungen im Inneren des Gebietes interessiert. Es hätte größerer Investitionen bedurft, um die entsprechende Technologie einführen zu können, die intensiven Ackerbau ermöglicht hätte. Die Weizen- und andere Agrarproduktpreise wurden von der Kompanie zu niedrig gehalten, daß den Buren der Anreiz fehlte, selbst große Investitionen zu machen.

Da es nur Sandwege gab, fingen die Trekburen an, Ochsenwagen zu benutzen, die am geeignesten für die schlechten Wege waren.

Extensive Landwirtschaft führte, wie schon gesagt, zur Errichtung großer Farmen. Die Trekburen zogen immer weiter, um passendes Land zu suchen. Das nahe Zuurveld hatte, wie der Name sagt, sauren Boden und war nur für Winterweiden geeignet. So war es auch von den Khoi-Khoin genutzt worden. Die Suche nach Sommerweiden bedeutete, daß sich die Trekburen immer weiter vom Kap entfernten, leichter Steuern umgehen konnten und immer selbständiger wurden. Die Verwaltung, die von der Kompanie ausgeübt wurde, war in den entlegenen Bezirken minimal.

Nur durch den Handel wurde die Kommunikation mit dem Kap für die Trekburen aufrechterhalten. Auf ihren Großfarmen lebten sie so, wie sie es für richtig hielten.

Auf den Farmen in der Nähe von Kapstadt bestand die Arbeiterschaft fast nur aus Sklaven. Sie wurden aus Madagaskar oder Ostafrika eingeführt. In den entlegenen Gebieten hielten die Trekburen ebenfalls Sklaven, bedienten sich aber auch der Khoi-Khoin, ohne sich um die Verordnungen oder Gesetze der Kompanie zu kümmern, die Schutz vor Versklavung und Vertreibung bewirken sollten. Sie nahmen sich Jagdgründe und Weideland, wo und wie sie es für notwendig hielten, auch wenn die Kompanie, zumindest theoretisch, stets auf der Einhaltung der Rechte der Khoi-Khoin und der bantusprachigen Völker bestand.

Es entwickelte sich allmählich eine Gesellschaft, in der es auch unter den Weißen unterschiedliche Klassen gab, obwohl dies nicht zugegeben wurde. Ackerbau war vor allem in der Nähe von Kapstadt möglich und für die erfolgreichen Buren gewinnbringend. Um Ackerbau zu betreiben, benötigte man Fleiß, Unternehmungsgeist und Kapital. Ein Beispiel eines reichen Buren dieser Art war Martin Melck, dessen Hinterlassenschaft im Jahr 1776 auf 225.000 Gulden geschätzt wurde. Heute ist das Martin Melck Haus ein Museum, das mit seinen wuchtigen Holzmöbeln und großen Räumen den Reichtum und das Ideal der Kapburen des 18. Jahrhunderts darstellt.

Viehbauern hingegen benötigten weniger Kapital und mehr Land. Die Gesellschaft überließ jedem „Trekburen“, der ins Innere des Kapgebietes zog, eine Farm von 2.420 Hektar. Großfarmen wurden auf den ältesten Sohn vererbt, sodaß jüngere Söhne sich selbst Farmen pachten mußten oder als „bijwoner“ (Ansiedler ohne Rechtsanspruch) weiter auf der Familienfarm leben mußten.

Die Trekburen oder Grenzfarmer lebten ein einsames und eigenwilliges Leben. Ihre Kinder lernten kaum lesen und schreiben, sie waren fast ganz auf sich selbst angewiesen, verstanden sich auf Jagen, Viehzucht und Gerben von Tierhäuten, aus denen sie Schuhe, Peitschen und Kleidungsstücke machten. Sie lernten sich selbst medizinisch zu versorgen und entwickelten

Hausmittel. Gleich ihren afrikanischen Nachbarn wußten sie, wie man aus Kräutern Arzneien machen konnte.

Um sich gegen „Viehdiebe“ — San, Khoi-Khoin, Xhosa — zu verteidigen, entwickelten sie das von der Kompanie eingeführte Kommandosystem weiter, das zuerst dazu gedient hatte, entlaufene Sklaven zu jagen. Ein Kommando wurde gegen „Diebe“ aufgerufen, was bedeutete, daß die Buren beritten und bewaffnet gemeinsam auf Menschenjagd gingen. Oft kamen auch berittene und bewaffnete Khoi-Khoinknechte mit auf Kommandoritte.

Der Viehhandel mit Kapstadt wurde fortgesetzt; meistens wurde das Vieh von Khoi-Khoin an die Küste getrieben. Die Trekburen selbst kamen selten und ungern in die Stadt. Ein Aufenthalt konnte für einen Trekburen eine Abwesenheit von etwa drei Monaten bedeuten.

Die Trekburentugenden sind oft gelobt worden; ihr armseliges Dasein, ihre Gottesfurcht, ihre Gastfreundschaft. Sicher ist, daß ihr Leben nicht leicht war, vor allem nicht für die Frauen, die oft alleine mit Geburten, Krankheiten und Todesfällen fertig werden mußten.

Der Lebensstil der Trekburen war dem der einheimischen Völker sehr ähnlich. Oft lebten sie monatelang in ihren Ochsenwagen. Ihre Behausungen waren den runden Hütten der Einheimischen ähnlich. Während ihrer Jagdzüge lebten die Trekburen im Busch, benutzten, wie die Khoi-Khoin „veldschoonen“ (Sandalen aus Tierhaut), die noch heute, in verfeinerter Form, in Südafrika beliebt sind. Trekburen lernten von den Khoi-Khoin wie man Fleisch trocknete und es so als „biltong“ länger aufbewahren konnte. Auch „biltong“ wird heute noch gerne in Südafrika gegessen.

Die Ernährung auf den Trekburenfarmen erfolgte, genau wie bei den Einheimischen, im Subsistenzstil. Es wurde für den Eigenbedarf produziert; Überschüsse wurden auf dem Markt in Kapstadt verkauft. Was den Trekburen von seinem Stiefbruder, dem Bastard unterschied, war weniger die Hautfarbe, als die Tatsache, daß der Trekbure meistens seinen Anspruch auf das Land durch die Pachtdokumente der Kompanie nachweisen konnte.

Während der ersten 170 Jahre der Kapkolonie hatte sich so ein System entwickelt, das dem Weißen Anspruch auf die Produktionsmittel — Land, Vieh und Zugang zum Markt — eröffnete. Bereits gegen Ende des 18. Jahrhunderts hatten sich Vorurteile gegen Menschen dunkler Hautfarbe derartig ausgebreitet, daß der arme Trekbure sich dem reichen Kapburen gegenüber ebenbürtig fühlte und dem Einheimischen — von Sklaven gar nicht zu sprechen — überlegen.

Zwischen 1700 und etwa 1770 drangen die Trekburen ohne große Mühe bis ins Innere des Landes vor und siedelten sich bis etwa 800 km östlich und 400 km nördlich des Kaps an. Dieses große Gebiet entwickelte sich im Hinterland des einzigen Hafens der Gegend, der lange das Zentrum der Wirtschaft bildete. Das diese Ausdehnung die Verdrängung der Khoi-Khoin

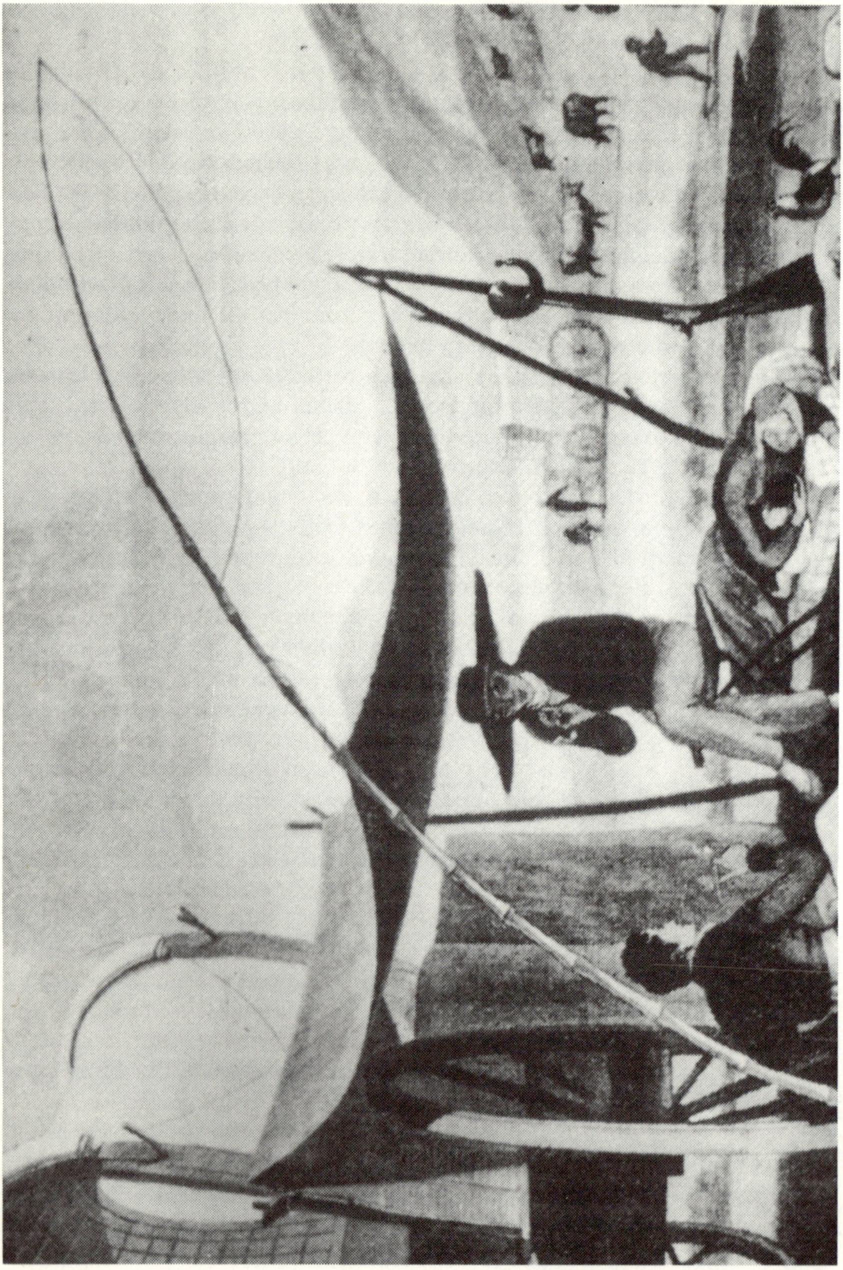

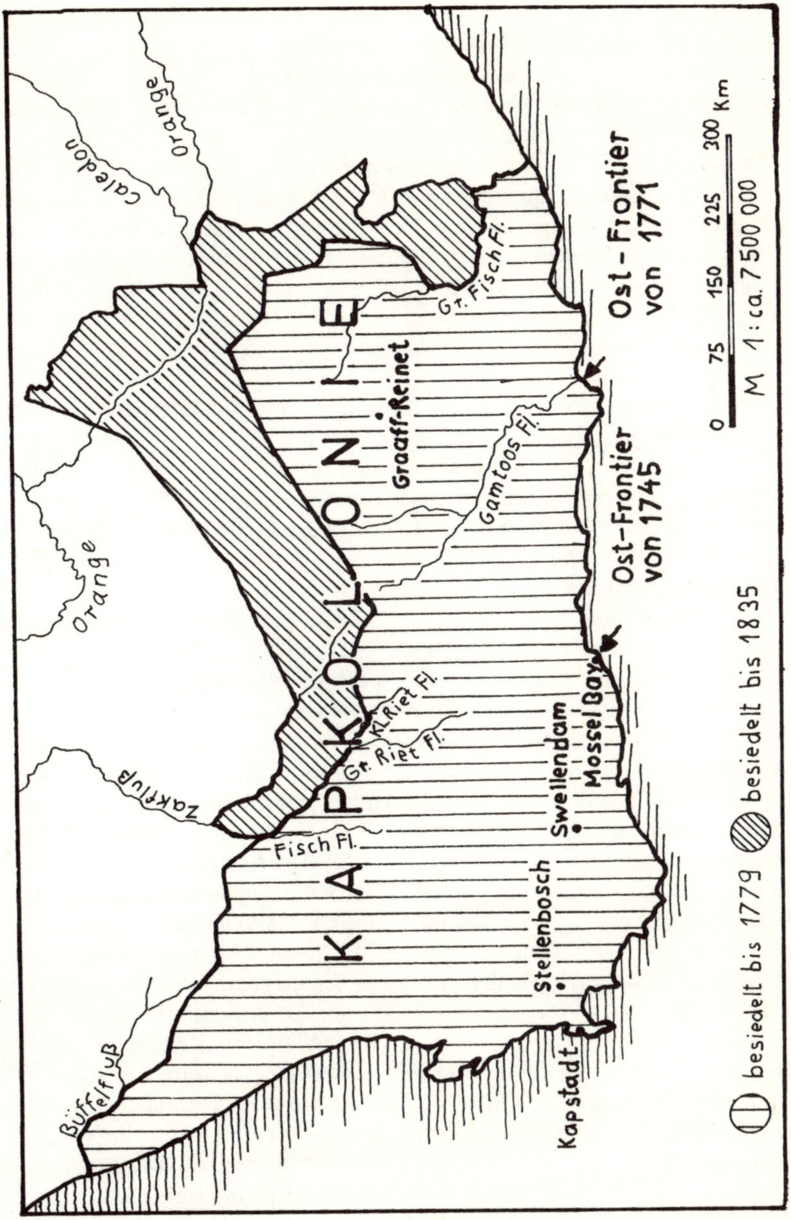

Vordringen der Buren ins Landesinnere vor dem Großen Trek

bedeutete, war für die Kompanie von wenig Interesse. Nachdem sie einmal betimmt hatte, daß Khoi-Khoin freie Schwarze waren, taten die Herren XVII nichts, um diesen freien Schwarzen ihr Land zu sichern – und so ermöglichten sie es den Trekburen, zu trekken und eine neue Gesellschaft im Inneren des Landes zu bilden.

1706 wurde die Einwanderung weiterer Siedler verboten; die Kompanie wollte weitere Schwierigkeiten am Kap vermeiden. Durch das ganze 18. Jahrhundert hindurch entfalteten die Buren – ursprünglich Holländer, Deutsche und Hugenotten –, von äußeren Einflüssen weitgehend ungestört, ihre Lebensformen.

San und Khoi-Khoin

Die Vorfahren der San – ein Name, der ihnen von den Khoi-Khoin gegeben wurde und der sie abqualifizierte – lebten seit Tausenden von Jahren im südlichen Afrika, die der Khoi-Khoin wahrscheinlich seit dem 1. Jahrhundert nach Chr. Derartige Daten basieren natürlich auf Vermutungen. Es wird angenommen, daß die Khoi-Khoin, wie die San, aus dem Norden jenes Landes stammen, das heute Botswana heißt.

Der Unterschied zwischen Khoi-Khoin und San lag vor allem darin, daß die Khoi-Khoin Vieh besaßen. Es wird angenommen, daß sie das Vieh von den bantusprachigen Völkern erbeutet hatten. Der Kontakt zwischen den Khoi-Khoin und den bantusprachigen Völkern war aber keineswegs immer unfreundlich, wie von weißen Siedlern stets behauptet wurde. Sie lebten zwar räumlich und kulturell getrennt, doch beeinflußte die Sprache der Khoi-Khoin einige Nguni-Sprachen (Xhosa und Zulu z. B. haben Klicklaute aus dem Khoi übernommen). Manche Forscher sind überzeugt, daß es Ehen zwischen Khoi-Khoin und Angehörigen bantusprachiger Völker wie auch den San gab, bevor die Wirren der Kolonialzeit herrschten.

Man vermutet, daß sich die ersten Khoi-Khoin in verschiedene Gruppen aufspalteten. Eine Gruppe lebte im heutigen Matabeleland und im Transvaal, wo sie wahrscheinlich zum ersten Mal Kontakt mit den bantusprachigen Völkern aufnahmen. Andere zogen in die Gegend westlich des Orangeflusses, während sich eine andere Gruppe am Atlantischen Ozean, im heutigen Namibia, ansiedelte; eine weitere Gruppe zog ins Kapgebiet. Die Vorfahren der Nama im heutigen Namibia waren Khoi-Khoin. Sie zogen nach Süden und vereinigten sich dort wieder mit der Kap-Gruppe, als beide das Gebiet nördlich vom heutigen Kapstadt erreichten.

Khoi-Khoin waren Viehhalter und lebten als Nomaden. Die Frauen sammelten eßbare Pflanzen, Vogeleier, Insekten, Eidechsen. Sie pflanzten hauptsächlich „dagga" an, eine Art Haschisch, das noch heute im südlichen Afrika zu finden ist.

Bereits vor 1652 hatten die Khoi-Khoin Handel mit Weißen betrieben. Als die ersten britischen und holländischen Schiffe auf dem Weg nach und von Indien am Kap vorbeisegelten, machten sie regelmäßig Halt, um die kranken Matrosen an Land zu bringen und frisches Wasser und Fleisch zu holen. Das Fleisch lieferten die Khoi-Khoin gegen Tabak, der ihnen noch besser als dagga gefiel, Kupfer und Eisen. Das Kupfer benutzten sie für Schmuck; aus Eisen fertigten sie Speere und Pfeilspitzen.

Als die drei Schiffe unter dem Kommando von Jan van Riebeeck eintrafen, waren die Khoi-Khoin schnell zur Stelle. Sie werden jedoch vorsichtiger, als die Neuankömmlinge anfingen, Behausungen zu zimmern, die einen längeren Aufenthalt ankündigten. Sie boten dann nur noch die männlichen oder kranken Tiere zum Kauf an. Als Viehbauer wußten sie, daß Vieh sich vermehrt, wenn es nicht geschlachtet wird — und sie wußten ebenfalls, daß Vieh geweidet werden muß. Sie befürchteten, daß die fast 100 Menschen, die sich in der Nähe des Felsens am Zipfel des Kaps ansiedelten längere Zeit bleiben wollten. Sie fürchteten um ihr Erbe: ihr Land und ihr Vieh.

Wie es sich zeigte, hatten sie mit ihren Befürchtungen nur zu Recht. Die neuen Männer am Kap dienten einer rücksichtlosen kapitalistischen Gesellschaft und waren lediglich an der „Maximierung ihrer Gewinne“ interessiert. Das Kap war zunächst nichts weiter als eine Haltestelle auf dem Weg nach und von Indien gewesen; daß daraus mehr wurde, machte den Direktoren der Kompanie später viele Sorgen und Unkosten. Die Khoi-Khoin verloren bei dieser Entwicklung ihre Existenz als selbständige Völker.

Die Khoi-Khoin lebten noch in ihren alten Traditionen. Sie gehörten Großfamilien an, in denen Häuptlinge das Sagen hatten. Man schätzt, daß zur Zeit der Ankunft van Riebeecks etwa 50.000 Khoi-Khoin am Kap lebten. Ihr Reichtum war abhängig von ihren Viehbeständen; das bedeutete, daß sie von einem Tag auf den anderen arm sein konnten, wenn sie von einer Viehseuche, Trockenheit, wilden Tieren oder San-Überfällen heimgesucht wurden. Hatte ein Khoi-Khoin sein Vieh verloren, so hatte er zwei Möglichkeiten. Er konnte, wie die San, Jäger und „Viehdieb“ werden — die neuen Siedler sprachen von den San stets als Dieben — oder er konnte als Knecht für einen anderen Khoi-Khoin arbeiten, bis er wieder Vieh besaß.

Wieviel Vieh die Khoi-Khoin besessen haben, ist natürlich nicht genau festzustellen. Die Kompanie führte zwar genau Buch, und man weiß, daß zwischen den Jahren 1652 und 1699 etwa 16.000 Stück Vieh und ungefähr 17.000 Schafe gekauft worden waren, aber die Anzahl des Khoi-Khoin-Viehbestandes lag weit höher.

Die Khoi-Khoin wurden nicht allein durch die Vieh-Diebstähle der Siedler oder durch den Druck, den die Kompaniebeamten ausübten, um sie dazu zu zwingen, ihr Vieh zum Markt zu bringen, beunruhigt. Sie machten sich vor allem wegen des Ackerbaus Sorgen, den die Siedler in der Nähe des

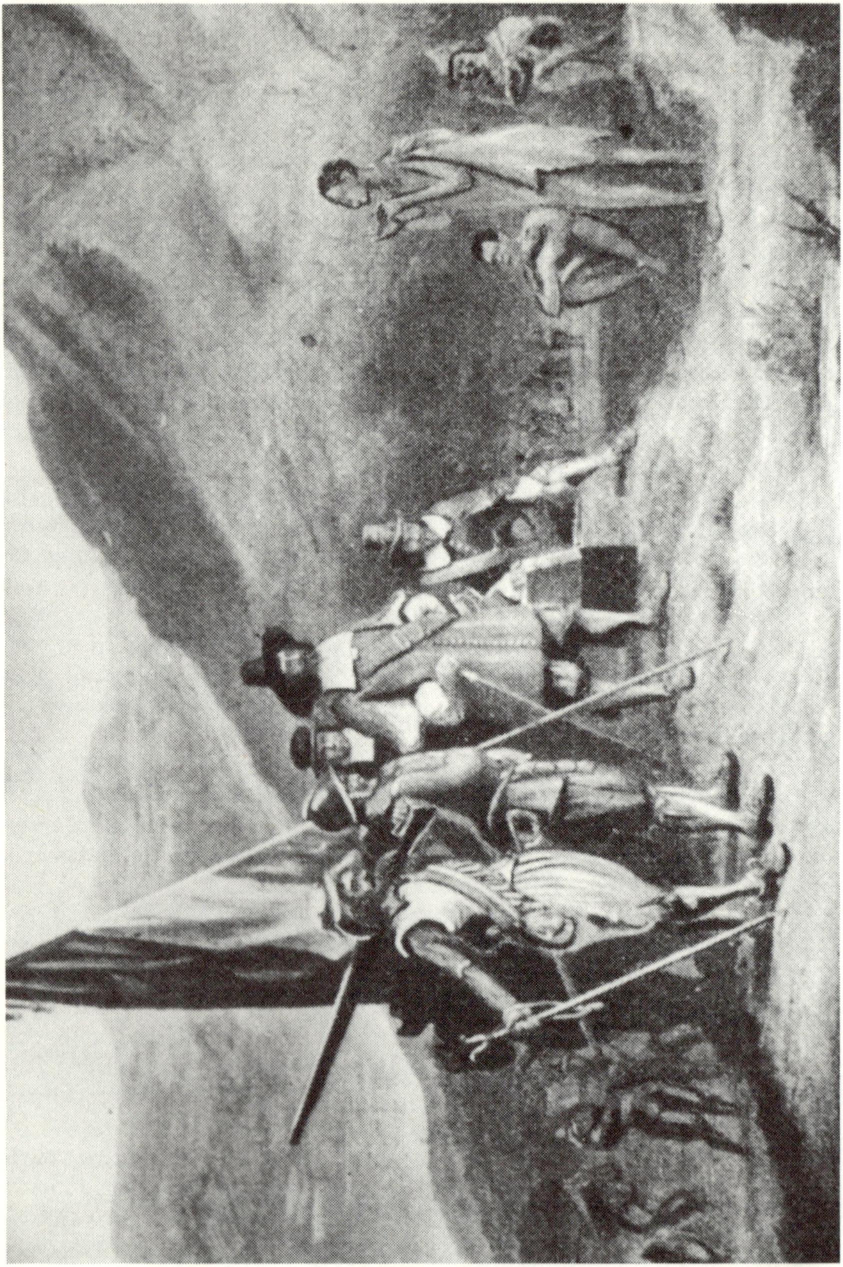

Tafelberges betrieben und durch den sie von ihren Wasserlöchern ferngehalten wurden.

Diese Entwicklung, aber auch die Vergrößerung der Herden der Siedler, während ihre eigenen schrumpften, führte 1659 zum ersten Khoi-Khoin-Krieg mit den Siedlern, der mit einem Friedensvertrag endete: Die Khoi-Khoin verloren zwar nicht den Krieg, willigten aber ein, daß die Siedler Ackerbau betreiben durften; dies war der Anfang ihres Niedergangs. Im zweiten Krieg, der 1673 ausbrach und erst 1677 endete, siegten die Siedler. Die Herren XVII hatten zwar ursprünglich van Riebeeck und seinen Nachfolgern verboten, Khoi-Khoin zu Sklaven zu machen und ihnen ihr Vieh zu stehlen, weil sie sie für ihre Handelszwecke brauchten, vor allem aber, um Kontakt mit den weiter entfernten Xhosastämmen aufzunehmen — aber bereits um 1670 war der Viehbestand der Kapsiedler so groß, daß die Gesellschaft ihr Interesse am Wohlergehen der Khoi-Khoin verloren hatte.

Die Verwaltung gestattete sogar, daß mehrere Kriegszüge gegen die Khoi-Khoin geführt wurden. Das Resultat war, daß einige Khoi-Khoingruppen gemeinsame Sache mit den Siedlern machten, um an der reichen Beute teilzuhaben. 1677 schloß der kriegführende Khoi-Khoinhäuptling Frieden und verpflichtete sich, jedes Jahr einen Tribut von 30 Stück Vieh an die Kapkolonie abzuliefern. Dieser Krieg beschleunigte den Ausbau der Herrschaft der Weißen über die Khoi-Khoin und führte zum nächsten Schritt; zu der durch Gesetze festgelegten Oberherrschaft der Siedler. Bereits um 1679 griffen die Siedler in innere Angelegenheiten und Auseinandersetzungen unter den Khoi-Khoin ein. Mit der Ankunft des Gouverneurs Simon van der Stel — nach ihm wurde Stellenbosch benannt, heute vor allem wegen seiner Universität (für „Bureneliten") bekannt — wurde das besiegelt, indem van der Stel einen Stab als Zeichen der Würde an Khoi-Khoinhäuptlinge überreichte — wodurch viele Häuptlinge das Ansehen ihres Gefolges einbüßten.

Nachdem sich die Siedler stetig weiter ausgebreitet und sich die Herden der Khoi-Khoin immer mehr verkleinert hatten, blieben den Khoi-Khoin zwei Wahlmöglichkeiten: Entweder sie zogen weiter weg oder sie verdingten sich bei den weißen Bauern, was nicht so vorteilhaft war, wie Vasall eines anderen Khoi-Khoin zu sein, da sie bei den Weißen selten mit Vieh bezahlt wurden.

Die Khoi-Khoin wählten verschiedene Auswege. Viele blieben in der Nähe der Siedler, wurden zuerst ihre Verbündeten, dann ihre Diener, andere zogen weiter und konnten ihre Identität noch einige Zeit bewahren.

Dank einer Verordnung der Kompanie waren die Khoi-Khoin gesetzlich als freie Schwarze anzusehen, doch nach und nach verrichteten sie dieselbe Arbeit wie die importierten Sklaven. Sie wurden Hirten und Viehhüter, was ihren traditionellen Fähigkeiten entsprach, aber auch Ackerbauern.

Am Ende wurden die Khoi-Khoin durch die immer härter werdenden Forderungen der Siedlergesellschaft, Vieh, Land und Arbeitskraft betreffend, besiegt. Noch ein Feind, der ebenfalls von den Weißen importiert worden war trug zur Verarmung und Enteignung der Khoi-Khoin bei: eine Pockenepidemie, die 1773 um sich griff. Tausende Khoi-Khoin wurden dahingerafft, einzelne Khoi-Khoin, die sich Xhosadörfern näherten, wurden von den Xhosa aus Angst vor der Krankheit erschossen.

Nach den Gesetzen der Kompanie waren die Khoi-Khoin den Weißen gleichgestellt. Sie durften vor Gericht gegen Weiße aussagen und wurden auch Soldaten der Kapverwaltung. Doch der Niedergang ihrer Sippen durch den Verlust ihres Reichtums hatte auch den Verlust ihrer Identität und ihrer Sprache zur Folge. In der Republik Südafrika des 20. Jahrhunderts gibt es keine Khoi-Khoin mehr. Schon Mitte des 18. Jahrhunderts gab es zwar innerhalb des Kapgebietes keine unabhängigen Khoi-Khoin mehr, wohl aber Khoi-Khoinknechte. Diese gingen in jenen Menschengruppen auf, die von einigen Historikern als die „echten Südafrikaner“ beschrieben wurden, die „Mischlinge“, während die Nachkommen anderer unter ihren bantusprachigen Nachbarn, den Xhosa, zu suchen sind.

Anders erging es den San. Sie wurden nie integriert; einige haben überlebt. Diese Nachkommen der San leben noch heute in kleinen Gruppen am Rand der Kalahari. Die meisten jedoch wurden gejagd und wie Wild abgeschossen. Man setzte eine Kopfprämie von drei Gulden aus. Die Holländer nannten die San „Buschmänner“ – Menschen, die hinter Büschen – Wandschirmen aus zusammengeflochtenen Zweigen, leben. Sanmalereien, die viel über ihre Gesellschaft aussagen, wurden in weiten Teilen des südlichen Afrika unter Felsüberhängen gefunden. Sie erinnern sehr an die Felsmalereien von Lascaux oder Altamira.

Die Khoi-Khoin wurden von den Europäern verächtlich Hottentotten genannt, wahrscheinlich wegen der Klick- und Schnalzlaute ihrer Sprache. Khoi-Khoin bedeutet „Mensch der Menschen“. Großes Interesse bei den Europäern fanden die Fettsteiße der Khoisan – sie waren ganz ungewöhnlich und paßten in das Bild von Menschen, die man verachtet.

Die Sklaven

Die Kapkolonie war fast von Anfang an eine Sklavenhaltergesellschaft. Bereits einige Monate nach seiner Ankunft hatte van Riebeeck um Erlaubnis gebeten, Sklaven einführen zu dürfen. In den Niederlanden wurde die Sklaverei bereits im 17. Jahrhundert abgeschafft, aber in den holländischen Kolonien war sie ein wichtiger Bestandteil der gesellschaftlichen Struktur.

Genau wie die anderen Kolonialhandelsgesellschaften war die Vereinigte Ostindische Kompanie in den Sklavenhandel verwickelt. In allen Niederlassungen der Kompanie waren Sklaven beschäftigt, in Indien, Ostindien, im heutigen Sri Lanka. Es war also nur eine Frage der Zeit, ehe Sklaven ans Kap gebracht wurden. Van Riebeeck wußte, daß er mit den 100–200 Mann, die ihm in den ersten Jahren der Kapkolonie zur Verfügung standen, die nötige Arbeit nicht verrichten konnte. Er brauchte Maurer, Holzfäller, Gemüsebauern und Viehhirten. Da die Khoi-Khoin nicht willig waren und die Gesellschaft nicht bereit war, sie zur Arbeit zu zwingen, mußten Sklaven herbeigeschafft werden.

Trotzdem dauerte es einige Zeit, ehe das geschah. Van Riebeeck verließ das Kap im Jahr 1662, zu einer Zeit, als die Sklaverei bereits zur Gesellschaft gehörte. Die ersten Sklaven wurden 1658 eingeführt und den Siedlern auf Kredit verkauft. Der Handel ging weiter. Die Handelsgesellschaft, wie auch die Siedler, hielten Sklaven, die aus verschiedenen Quellen stammten. Die ersten Sklaven wurden von Schiffen, die von der westafrikanischen Küste kamen, gekapert, andere wurden von den Holländern, von portugiesischen Schiffen, die nach Brasilien segelten, abgefangen. Doch westafrikanische Sklaven waren selten anzutreffen. Die meisten Sklaven, etwa 60 Prozent, wurden in Madagaskar erbeutet oder dort auf dem Sklavenmarkt gekauft – andere kamen aus Mosambik, einige auch aus Angola, Südindien, Java und wurden entweder von der Kompanie selbst oder von Siedlern gekauft. Sklaven aus Angola kamen ebenfalls von Schiffen, die von Portugiesen für Brasilien bestimmt und von Holländern gekapert worden waren. Diese waren aber in der Minderheit. Angola war das nächste Hinterland, in dem schwarze (afrikanische) Sklaven Zuflucht suchen konnten. Verkäufer waren entweder die Kompanie, Sklavenschiffe, die am Kap anlegten und einen Teil ihrer Beute verkauften, oder Angestellte der Kompanie, die Sklaven aus Ostindien mit nach Holland nehmen durften, es aber vorzogen, sie am Kap zu verkaufen – in Holland selbst waren sie nach der Ankunft frei.

Es ist erstaunlicherweise noch sehr wenig über die Herkunft und die Nachkommen der Sklaven am Kap recherchiert worden. Kompaniedokumente sind vorhanden, doch Belege über Kauf und Verkauf, Geburten und Todesfälle von Sklaven, die in Privathänden waren, sind selten.

Es ist bekannt, daß um das Jahr 1800 etwa 27.000 Sklaven am Kap lebten, verglichen mit etwa 22.000 Siedlern. Khoi-Khoin, die im Haushalt oder auf Farmen arbeiteten, wurden nicht zu den freien Bürgern gezählt.

Die Bedingungen unter denen die Sklaven lebten, unterschieden sich wenig von denen in anderen Sklavenhaltergesellschaften. Afrikaner, vor allem die aus Mosambik stammenden, wurden meist auf dem Feld eingesetzt, während Sklaven aus Ostindien im Haushalt bevorzugt wurden, da sie über Fähigkeiten verfügten, die für die Herren vorteilhaft waren. Frauen konnten nähen und kochen, Männer waren Handwerker. Doch alle Sklaven, auch die im Haushalt tätigen, hatten niedrige Lebenserwartungen. Prügelstrafen

waren an der Tagesordnung. Entlaufene Sklaven wurden aufs härteste bestraft, und nur wenigen gelang es, ihre Freiheit wiederzugewinnen.
Sklaverei ist für alle Sklaven grausam. Auch am Kap waren die Umstände für Sklaven furchtbar. Man braucht sich nur die Dokumente anzusehen, die von der Kompanie über Strafen geführt wurden. Alles, was dort verzeichnet ist – Verstümmelung, Auspeitschen, grausame Arten, Todesurteile zu vollstrecken – war nichts anderes, als was sich im Süden der Vereinigten Staaten von Amerika abspielte.

Zwischen Khoi-Khoin und Sklaven gab es kaum gemeinsame Interessen; ähnlich war es zwischen Sklaven und Xhosa. Die weißen Herren befürchteten eine etwaige Allianz und bestachen Khoi-Khoin mit Vieh und anderen Geschenken, damit sie entlaufene Sklaven zurückbrachten. Nur wenigen Sklaven gelang es, nach Angola zu flüchten oder von Khoi-Khoin-Stämmen aufgenommen zu werden.

Sklaven, aber auch asiatische Sträflinge, gehörten zur Arbeiterschaft der Kompanie. Sie wurden im sogenannten Sklavenhaus untergebracht, in dem es keine Trennung zwischen den Geschlechtern gab. Das Sklavenhaus war theoretisch für Unbefugte verboten, diente aber in Wirklichkeit als Bordell, vor allem für Reisende und Matrosen.

In Kompaniedokumenten werden keine Unterschiede gemacht, ob Sklaven Christen waren, Animisten blieben oder dem Islam angehörten. Theoretisch durften Christen nicht versklavt werden. In der Praxis aber half auch die Taufe nicht, befreit zu werden. Diese Verordnung führte dazu, daß wenig christliche Missionsarbeit stattfand und daß die Sklaven dabei eher zum Islam fanden. Alle Sklaven wurden als „Leibeigene" beschrieben. Laut vorhandener Unterlagen war die Lebenszeit der Sklaven kurz. Die verzeichneten Ausgaben der Kompanie für den Unterhalt ihrer Sklaven zeigte, daß sie sehr wenig für ihre Arbeitskraft ausgeben mußten.

In Kapstadt waren die Sklaven der Siedler im Haushalt oder als Handwerker tätig, was ihren Eigentümern einen beachtlichen Profit einbrachte. Die Männer arbeiteten als Maurer, Tischler, Schmiede, die Frauen als Näherinnen.

Auf dem Land beschäftigte man die Leibeigenen ebenfalls im Haushalt, wobei die afrikanischen Sklaven, wie zum Beispiel Mosambiker, in den großen Weinpflanzungen eingesetzt wurden. Sklavenaufsicht wurde meistens von einem Familienmitglied der Herren verrichtet, manchmal jedoch auch von vertrauenswürdigen Khoi-Khoin. Weiße Farmangestellte, Knechte genannt, gab es vor allem auf entferntliegenden Farmen, wo sie als Farmmanager arbeiteten. Verglichen mit dem Unterhalt, den die Eigentümer für Sklaven aufbringen mußten, war der Lohn für einen weißen Knecht hoch.

Nicht alle weißen Siedler waren reich, aber es gehörte zum guten Ton, Sklaven zu halten, auch wenn es nur zwei oder drei waren. Ackerbauern hielten natürlich die meisten, Viehhalter, die Händler und Angestellten in Kapstadt eine geringere Anzahl.

Das Sklavensystem hatte schlimme Folgen für die Weißen. Jeder Weiße begann, Arbeit zu verachten. Baron Gustaaf Willem van Imhoff, ein Gouverneur der Kompanie, bemerkte bereits im Jahre 1743, daß die Löhne der weißen Handwerker in keinem Vergleich zu denen in Europa stünden, so hoch waren sie. Hier beginnt die Entwicklung der weißen Arbeiterklassenaristokratie, die später gemeinsame Sache mit dem Kapital machte. Eine Allianz von weißen und schwarzen Arbeitern wurde auf diese Weise verhindert.

Von Imhoff glaubte auch, daß die Sklavenhaltung dazu führen würde, jeden Europäer glauben zu machen, er sei ein „Herr“ und müsse bedient werden. Er schrieb ...„die Mehrheit der Bauern in dieser Kolonie sind keine Bauern im eigentlichen Sinn..., viele von Ihnen halten es für eine Schande, mit eigenen Händen Arbeit zu verrichten.“

Vor allem aber erzeugte das Sklavensystem nicht nur eine tiefe Verachtung der körperlichen Arbeit, sondern auch die Verachtung der Menschen, die gezwungen waren, diese auszuführen. So wurde jeder Europäer in seiner Überzeugung bestärkt, daß er dank seiner hellen Hautfarbe jedem Menschen dunkler Färbung gottgegeben überlegen war.

1820 schrieb ein Reisender: „...jeder Weiße ist ein Bürger von Stand und Farmer von Beruf...“ Klassenunterschiede zwischen Europäern wurden verwischt oder nicht anerkannt. Der Dunkelhäutige, ob Khoi-Khoin, San, Sklave, „Mischling“ oder Bantusprachiger, war jedem Weißen unterlegen.

Alle Ansätze der heutigen Apartheid lagen also bereits um 1800 vor: Die Verachtung, die man sogenannten „Nicht-Weißen“ entgegenbringt, die Überzeugung von der eigenen Überlegenheit und Herrschaft. Selbst der Ansatz der späteren Paßgesetze ist in der Sklavenzeit festzumachen. Jeder Sklave mußte stets ein Papier bei sich tragen, das bewies, daß er kein entlaufener Diener war, sondern daß er die Erlaubnis seiner Herrschaft hatte, sich dort aufzuhalten, wo er angetroffen wurde - genau wie es später Vorschrift in den Paßgesetzen war (die erst 1986 aufgehoben wurden). 1809 erließ der britische Gouverneur Caledon den sogenannten Hottentottenkodex, der das erste „Paßgesetz“ war. Der Kodex räumte die letzten Reste der traditionellen Ordnung der Khoi-Khoin aus dem Weg, stellte die Khoi-Khoin unter das Paßgesetz und erteilte den Khoi-Khoin das Recht, an die „heemraden“ gegen ihre Herren zu klagen. Aber die Khoi-Khoin mußten einen festen Wohnsitz haben, wodurch ihre Abhängigkeit von Burenfamilien noch größer wurde. Sie besaßen kein Landrecht mehr und mußten einen von einem „Landdrost“ ausgestellten Paß tragen, wenn sie die Grenzen zwischen Bezirken überqueren wollten.

Zwischen 1787 und 1795 wurden keine Sklaven importiert, was den Wert der Sklaven erhöhte. Sklaven, die in den Jahren zwischen 1795 und 1808 ans Kap kamen, gehörten vor allem Bürgern in Kapstadt. Im Jahr 1808 wurde der Sklavenhandel verboten, und 1836 wurden die 29.000 Kap-Sklaven befreit. Dieses Ereignis führte zu dem großen Auszug von Buren aus dem Kapgebiet – dem Großen Trek von 1838–1846 – was wiederum verheerende Folgen für die bantusprachigen einheimischen Völker der Region hatte.

Die „Mischlinge"

Heute leben etwa 2,5 Millionen Menschen dunkler Hautfarbe in Südafrika, die als „Kapfarbige" oder „Mischlinge" bekannt sind; die meisten von ihnen am Kap. Als Mutter der „Mischlinge" wird meistens Eva genannt, ein junges Khoi-Khoin Mädchen, das von van Riebeeck kurz nach seiner Ankunft in seinem Haus aufgenommen worden war. Man muß sich daran erinnern, daß die Herren XVII angeordnet hatten, die Khoi-Khoin freundlich zu behandeln, ihr Vieh zu kaufen und nicht zu stehlen, obwohl van Riebeeck selbst für einen Kriegszug gegen sie war, da sie nur zögernd ihr Hab und Gut hergeben wollten.

Eva in seinem Haus ein Heim zu geben, war ein geschickter Schachzug. Das Mädchen war mit wichtigen Khoi-Khoinhäuptlingen verwandt. Sie war intelligent, wurde getauft und lernte schnell Portugiesisch und Holländisch. Ihre Dienste als Dolmetscherin waren begehrt, und als einer ihrer Onkel eine Verschwörung mit anderen Häuptlingen gegen die Siedler plante, überredete sie ihn, seine Pläne zu ändern. Die Holländer seien klug, ihre Zivilisation der eigenen weit voraus, und die Khoi-Khoin hätten nur Vorteile, wenn sie friedlich mit ihnen lebten, argumentierte sie.

Vielleicht änderte Eva dadurch die Geschichte des Kaps, denn damals war die weiße Besatzung am Kap keineswegs groß. Der Khoi-Khoinkriegszug im Jahr 1659 bewies das auch, denn van Riebeeck mußte Kompanieangestellte, Freibürger und deren Viehbestand in der Festung unterbringen, um sie vor den Khoi-Khoinangriffen zu schützen. Erst später gelang es van Riebeeck einen Friedensvertrag abzuschließen.

Tatsache jedoch ist, daß Eva, ohne es zu wollen, wahrscheinlich zur Vernichtung der eigenen Gruppe beigetragen hat. Sie war die erste Khoi-Khoinfrau, die einen weißen Siedler heiratete, und zwar einen Dänischen Arzt namens Pieter van Meerhoff. Doch nach seinem Tod konnte sie sich nicht mehr zurechtfinden, ließ ihre Kinder im Stich und starb 1674 als Gefangene auf der Robben-Insel, nachdem sie sich dem Alkohol und der Prostitution ergeben hatte.

Eva war eine tragische Figur. Doch sie war die einzige vollblütige Khoi-Khoin, die einen weißen Siedler ehelichte. Rassenmischungen gab es natürlich am Kap, die Frage ist, zwischen welchen Gruppen und auf welcher Ebene.

Einige Historiker haben versucht, festzustellen, wieviel schwarzes Blut in den Adern der heutigen weißen Herren fließt. Es scheint eine unnötige Frage, die vielleicht eines Tags nach ausgiebigen Familienforschungen zu Teilen beantwortet werden kann. Tatsache ist, daß es unter den ersten Siedlern mehr Männer als Frauen gegeben hat, daß die verbotenen Besuche im Sklavenhaus der Kompanie in Kapstadt niemals aufhörten und daß sich für Sklavinnen und Khoi-Khoinfrauen eine Möglichkeit bot, ihre Lage zu verbessern, wenn sie sich mit einem Europäer liierten. Es war immer für ein hübsches, hellhäutiges Mädchen möglich, sich als „weiß“ auszugeben. Keiner zweifelt daran, daß die weißen Herren in Südafrika wirklich nicht reinrassig sind, wie sie es gerne darstellen.

Dieselben Vorschriften, die für die Ostindienkompanie in Indien galten, waren auch am Kap gültig. Nach dieser Verordnung waren wilde Ehen verboten. 1678 wurde eine Sonderverordnung erlassen, die wilde Ehen unter Strafe stellte, angefangen mit einer hohen Geldstrafe über Prügelstrafen bis zur Einkerkerung auf der Robben-Insel. Einige Jahre später wurde es Europäern verboten, mit Sklavinnen an Festen teilzunehmen oder, wie gesagt, das Sklavenhaus zu besuchen.

Khoi-Khoinfrauen durften auch keine Liason mit Europäern eingehen, aber es waren mehr Sklavinnen als Khoi-Khoin, die der Prostitution vor allem im Hafen, nachgingen. Khoi-Khoin unterlagen im 18. Jahrhundert noch den traditionellen Sanktionen des Stammes, die für Ehebruch den Tod verlangten. Sie lebten in geschlossenen Gesellschaften in ländlichen Gebieten, Sklaven und Sklavinnen hingegen im selben Haushalt wie die Herrschaften.

Es ist also logisch, daß die ersten „Mischlinge“ die Kinder von Sklavinnen und deren Herren oder von Matrosen waren. Bereits 1695 stellte der damalige Kommissar van Reede zu seinem Entsetzen fest, daß etwa die Hälfte der 92 Sklavenkinder eines Jahrgangs „Mischlinge“ waren. Er versuchte, weitere „Ausschreitungen“ zu verhindern und gleichzeitig „Mischlinge“ in die christliche Gemeinde zu integrieren, um ihre Freilassung zu erzwingen. Beweise, daß diese Anordnungen erfolgreich waren, liegen nicht vor.

Ein Historiker hat ausgerechnet, daß etwa 11 Prozent der weißen Männer während der ersten 100 Jahre in der Kapkolonie keine weiße Frau hätten finden können. Es ist also nicht nur das Zahlenverhältnis von weißer Frau zu weißem Mann, das zu Verbindungen zwischen Menschen unterschiedlicher Rassen und so zum Entstehen der „Mischlingsgruppe“ führte.

Zum einen ist es sicher, daß Bürger sowie Kompanieangestellte in Kapstadt selbst Verhältnisse mit Sklavinnen unterhielten. Vor allem indische Frauen waren bevorzugt. Die meisten Kompaniebeamten ließen ihre Familie nicht ans Kap kommen, denn ihre Dienstzeit war begrenzt und die klimatischen Bedingungen sowie die Schulbildungsmöglichkeiten nicht ideal.

Zum anderen wurde das Kap jährlich von Tausenden von Matrosen und Söldnern die im Dienst der Kompanie standen besucht. So steht fest, daß etwa im Jahre 1780 133 Schiffe am Kap anlegten. Auf jedem waren mindestens 100, wahrscheinlich aber 300 Matrosen, jeder mit Geld in der Tasche und wenig Zeit, es auszugeben; dazu kommen noch die Söldner, die auf dem Weg nach Holland oder Ostindien waren. Bessere „Geschäftsbedingungen" für Prostituierte kann man sich kaum vorstellen.

In den ländlichen Gebieten lag es etwas anders. Die meisten Freibürger waren mit weißen Frauen verheiratet und zogen mit der gesamten Familie aufs Land. Auf ihren einsamen Jagdzügen konnten sie keine Frauen mitnehmen. Nur die weißen Knechte lebten allein ohne Familie und nahmen sich Sklavinnen oder Khoi-Khoindienerinnen. Zahlenmäßig wurden diese Verbindungen nie geschätzt. In den Belegen der Kompanie sind gelegentlich Verzeichnisse von Mischehen zu finden, nach denen Freibürger sich mit Sklavinnen verehelicht hatten. Das geschah aber in Kapstadt, nicht an seinem Heimatort auf dem Land. Oft wurden derartige Ehen wegen der Kinder geschlossen. Sklavenkinder als frei und christlich erziehen zu lassen, war keineswegs einfach, wie verschiedene Gesuche an die Kompanie beweisen. Es ist also anzunehmen, daß die Ahnen der „Kapmischlinge" in der Tat gemischt waren: Biedere Bürger, Kleinbauern, arme Weiße, Angestellte der Kompanie, wie auch besuchende Matrosen und Soldaten „vermischten sich" mit indischen und afrikanischen Sklavinnen. Noch im Jahr 1986 behauptete der extrem-rechte Politiker Dr. Andries Treurnicht, daß die „Mischlinge" die Nachkommen von Matrosen und Soldaten seien, die das Kap besucht hatten, nicht aber von Buren — obwohl die Sprache der Mischlinge Afrikaans ist.

Die Feindschaft zwischen Sklaven und Khoi-Khoin verhinderte zuerst Freundschaften dieser Gruppe. Später, als die Khoi-Khoin verarmten und wie die Sklaven im Haushalt und auf dem Land der Siedler arbeiteten, gab es auch hier „Rassenmischungen".

Es ist also möglich, die soziologische und geographische Herkunft der sogenannten Mischlinge, die oft als Gottes Stiefkinder bezeichnet werden, zu bestimmen. Den Kapbezirk bildete die Stadt Kapstadt mit den umliegenden ländlichen Gebieten. Außerdem gab es den Stellenboschbezirk, in dem Viehzucht und Ackerbau betrieben wurden, und darüberhinaus gab es die Trekburenbezirke, die in mindestens drei Regionen eingeteilt waren.

Das Verhältnis zwischen den einzelnen Gruppen in den genannten Bezirken war unterschiedlich. Kapstadt selbst war kosmopolitan, einmal wegen der Anwesenheit der „freien" Schwarzen, das heißt der Khoi-Khoin und der freigelassenen Sklaven, dann auch wegen der vielen Besucher. Hier also waren die außerehelichen Beziehungen Teil der gesellschaftlichen Struktur. Die europäische wie auch die indische Kultur hinterließen ihre Spuren, ebenso das Christentum und der Islam.

Die Bevölkerung am südwestlichen Kap war von diesen Einflüssen stärker abgeschirmt. Hier gab es eine arbeitsintensive Landwirtschaft, die auf Sklavenarbeit basierte, und es herrschten solide Familienverhältnisse in geordneten Haushalten. Zwar lebte hier die Mehrheit der Sklavenbevölkerung des Kaps, aber außereheliche Beziehungen, vor allem mit „Nicht-Weißen", waren ungern gesehen. Die Schwarzen wurden in die Normen der weißen Gesellschaft mit einbezogen, ohne von dieser assimiliert zu werden: Es wurde bald eine klare Linie zwischen Europäern und Nicht-Europäern gezogen.

Die Trekburen lebten weiter von Kapstadt entfernt und waren viel ärmer als die Buren in den Bezirken in der Nähe von Kapstadt. Auch sie hielten Sklaven. Wegen der Entfernung vom Einfluß der Kapstädter aber waren unter dieser Gruppe mehr Verbindungen mit dunkelhäutigen Frauen anzutreffen als in den ländlichen Gebieten um Kapstadt.

Es waren die Nachkommen dieser Trekburen und ihrer Sklavinnen, die eine neue Gruppe bildeten, die sogenannten „Bastaards". Viele von ihnen versuchten, sich taufen zu lassen und so Zutritt zu der Gesellschaft der freien Bürger zu erhalten. Es war ein Versuch, der aber scheiterte.

Bastaards waren nicht nur Landbesitzer, sondern auch Waffenhändler. Der Name „Bastaards" wurde später auf Rat von Missionaren abgelegt und Bezeichnungen wie Griqua wurden gebräuchlich. In Namibia, dem einstigen Deutsch-Südwestafrika, gibt es noch immer eine Gruppe, die den Namen „Bastaards" trägt, die Rehobother.

Es wurde oft die Frage gestellt, wie weit die „Kapmischlinge" eine eigene Kultur entwickelt haben und ob sie eine homogene Gruppe bilden. Sicher ist, daß sie ihre Muttersprache und Eßgewohnheiten eingebracht haben. Sie sprachen am Anfang eine Art Portugiesisch, erlernten schnell Holländisch und wirkten bei der Entstehung jenes holländischen Dialektes mit, der Afrikaans heißt und heute die zweite offizielle Sprache von Südafrika ist. Afrikaans, auf das die Buren stolz sind, ist also auch die Muttersprache der „Kapmischlinge".

Es ist schwer, von einer einheitlichen Gesellschaft zu sprechen: es gibt christliche Mischlinge, andere, die dem Islam angehören, einige, die fast weiß, andere, die fast schwarz sind. Abgesehen von der Rassenherkunft gibt es auch Klassenunterschiede. „Mischlinge" wurden Handwerker oder Fischer. Sie bildeten und bilden eine Arbeiterklasse zwischen den weißen Herren und den ungelernten schwarzen Handlangern.

Auch politisch betrachtet unterscheiden sie sich; in einem jedoch sind sie vereint: Die weißen Herren haben ihre Stiefgeschwister abgelehnt und sie

aufgrund ihrer Hautfarbe für ebenso minderwertig erachtet wie andere sogenannte „Nicht-Weiße".

Die Hauptreligionen der Mischlingsgruppen sind das Christentum und der Islam. Der Islam wurde zum ersten Mal erwähnt, nachdem Führer eines Aufstandes etwa 25 km von Kapstadt entfernt interniert wurden. Der Historiker K. M. Jeffreys belegte, daß dieser Ort, an dem sich der Muslim-Führer Sheikh Yussuf zusammen mit etwa 50 Anhängern befand, zum Sammelbekken desertierter Sklaven wurde. 1747 wurde ein anderer Muslim-Führer aus dem Jemen nach Kapstadt gebracht und mußte zehn Jahre auf der Robben-Insel einsitzen. Nach seiner Entlassung arbeitete dieser Mann, Said Alochie, als Polizist und konnte so, „den Koran unter dem Arm", das Sklavenhaus betreten. Said war der erste anerkannte Imam.

Ein anderer bekannter Führer dieser ersten Zeit war ein Prinz aus den Molukken, der im Jahr 1767 ans Kap verbannt worden war. Er wurde Tuan Guru genannt und hieß vorher Kadi Abdu Salaam. Er sah sich selbst als Kadi, Führer. Sein Einfluß war groß. Er schrieb den Koran aus dem Gedächtnis auf (das Exemplar soll noch heute vorhanden sein) und verfaßte ein Buch über die Gesetze, Gebräuche und Riten des Islam. Im Jahr 1801 starb er.

Bereits in den ersten Jahren des 19. Jahrhunderts begann die Popularität des Islam die Behörden zu beunruhigen, sodaß die Beschneidung der Sklavenkinder verboten wurde. 1825 bestand die Muslimgemeinde aus etwa 2.000 Menschen. Noch heute ist der Islam ein wichtiges Element im Gesellschaftsleben der sogenannten Kapmischlinge.

1983 entschied die weiße Regierung des Premier Pieter Willem Botha, daß die Weißen die „Mischlinge" und die Asiaten zu ihren Alliierten gegen die Afrikaner machen sollten. So wurden zum ersten Mal eine separate Kammer im Zentralregierungsapparat für die „Mischlinge" und eine weitere für die Asiaten eingerichtet. Aber die Ablehnung der Apartheid ist ebenso stark unter den „Mischlingen" wie unter den Asiaten. 1983 war der Boykott gegen die neue Verfassung erfolgreich, als nur ein kleiner Prozentsatz der „Mischlinge" zur Wahlurne ging. 1976 war es zum ersten Mal deutlich geworden, daß vor allem die „Mischlingsjugend" sich zu den „Schwarzen" zählte.

Die Kirchen

Südafrika nennt sich einen christlichen Staat. Die Rolle der Kirche im Laufe der südafrikanischen Geschichte – besser gesagt, die der Kirchen – ist deshalb sehr wichtig.

Die Holländer, die das Kap besiedelten, waren Kalvinisten. Sie traten zunächst aber nicht missionierend auf, anders als die Katholiken in ihren

Kolonien. Am Kap gab es einige kalvinistische Gruppen, die der Mission sogar feindlich gegenüberstanden. Diese Haltung hatte vermutlich wirtschaftliche Gründe. Theoretisch war es nicht erlaubt, einen getauften Christen als Sklaven zu verkaufen. Da sich die Kapgesellschaft jedoch Sklaven hielt, war es kaum im Interesse der Herren, Sklaven dem Christentum zuzuführen.

Der Herrnhuter Missionar Georg Schmidt hatte in Genadendal in der Kapprovinz bereits 1737 eine Mission errichtet, war jedoch daraus sieben Jahre später vertrieben worden. Bis 1790 gab es keine Missionare, die außerhalb der Niederländisch Reformierten Kirche (Nederduits Gereformeerde Kerk, NGK) tätig waren. Trotzdem hofften die Angestellten der Vereinigten Ostindischen Kompanie, daß die Khoi-Khoin die holländische Sprache und Religion übernehmen würden. Das geschah im 17. Jahrhundert nur in wenigen Fällen. Ebenfalls im 17. Jahrhundert wurde die erste Schule für Sklavenkinder gegründet. Diese Kinder wurden dem Christentum zugeführt. Doch der Islam war unter den Sklaven erfolgreicher, was zum Teil darauf zurückzuführen ist, daß eben die weißen Herren ihre Sklaven nicht gerne taufen ließen, teils lag es aber, wie oben erwähnt, auch an den prominenten islamischen Führern, die von der Kompanie ans Kap verbannt worden waren. Islamische Imame verrichteten gerne Eheschließungen oder vollzogen Begräbnisse für Sklaven, wenn christliche Obrigkeiten zögerten. Bis heute ist ein Teil der „Mischlinge“, die Kapmalaien, dem Islam treu.

Die Existenz der „Kapmischlinge“ ist ein Beweis dafür, daß sich die Kalvinistische Kirche am Kap nicht für die Verbesserung der Sklavenbehandlung einsetzte, sich nicht um die Befreiung der Sklaven bemühte und nicht einmal das Recht auf Eheschließung unter Sklaven befürwortete.

Der Grund könnte darin zu sehen sein, daß alle Pfarrer Angestellte der Kompanie und nicht frei waren. Es wäre dann nicht der Kalvinismus als Doktrin, sondern das Interesse und der gesetzliche Status der Kapbewohner, die die Einstellung der Kirche gegenüber den Sklaven und Khoi-Khoin sowie deren Herren beinflußten.

Das hatte später Folgen. Als die Trekburen ins Innere des Landes zogen, vertrauten sie fest darauf, daß ihre Kirche sie in ihrer Annahme unterstütze, sie seien Gottes auserwählte Herrenmenschen. Sie nahmen auch die Bibel mit, vor allem das Alte Testament. Da es immer schwieriger wurde, Burenkinder zu alphabetisieren, blieb es oft lediglich dabei, Abschnitte aus dem Alten Testament am Sonntag vor versammelter Familie – mit Sklaven und Khoi-Khoinknechten – vorzulesen.

Die Bibel und die zehn Gebote waren für den Trekburen das Gesetzbuch, und der Glaube an seine Erwählung begründete seine Haltung Menschen dunkler Hautfarbe gegenüber. Er glaubte, daß diese „Nachkommen von Ham“ seien, jenem Sohn Noahs, der seinen Vater verspottet hatte und von diesem verflucht worden war, „bis in alle Ewigkeit“ Knecht zu sein (1. Mose 9,25).

Missionsarbeit anderer Kirchen begann 1799, nachdem die London Missionary Society (IMS) eingetroffen war und die erste Mission bei Bethelsdorp an der Ostfrontier gründete. Bethelsdorp wurde zuerst von einem Holländer, Johannes Theodorus van der Kemp, geleitet, der sich die Feindschaft der Frontierburen und der Verwaltung zuzog: Er heiratete die Tochter einer Sklavin und vertrat die Interessen der Khoi-Khoin bei Beschwerden gegen die Buren und die der Xhosa gegen die Verwaltung.

Die Missionen wurden Sammelbecken aller Probleme der Schwarzen- und „Mischlings“-Gruppen und waren dementsprechend bei der Verwaltung und den Buren unbeliebt. Deutsche, Holländer und Briten arbeiteten nach 1803 als LMS Missionare jenseits der Ostfrontier. Die Kapkolonisten organisierten selbst eine Missionsgesellschaft mit Hilfe zweier Missionare (einschließlich van der Kemps). Die Herrnhuter kamen ebenfalls zurück, bauten Genadendal wieder neu auf und gründeten eine zweite Missionsstation. Um 1815 waren mehr als 25.000 Khoi-Khoin und „Mischlinge“ Mitglieder von Kirchen.

Die Kapverwaltung war daran interessiert, daß die Missionare keinen Unfrieden stifteten, sondern für Ruhe in der Kolonie sorgten. Den Farmern waren die Missionare unliebsam, da sie stets die Rechte der Schwarzen, ob frei oder Sklaven, vertraten. Es gab viele Auseinandersetzungen zwischen Missionaren und Siedlern und der Verwaltung. Trotzdem erkannte diese an, daß die Missionen den Eingeborenen eine gute Erziehung und Ausbildung angedeihen ließen und sie so zu guten Bürgern erzogen.

Das Christentum zerstörte damit das, was noch von der Khoi-Khoinkultur übriggeblieben war und legte damit den Grundstein für die besondere Kultur der Kapmischlinge. Leider ging dieser Prozeß nicht Hand in Hand mit einer Verbesserung des Status der Khoi-Khoin. Zu Beginn des 19. Jahrhunderts wurde der Protest der Missionare zugunsten ihrer Schützlinge sehr wichtig. Die Opposition van der Kemps wurde später von anderen Missionaren, wie Dr. John Philip, fortgesetzt und gehört zu einer Kette kirchlicher Proteste, die bis ins späte 20. Jahrhundert nicht mehr abriß.

Die Mutterkirche am Kap, die Niederländisch Reformierte Kirche, wurde Staatskirche und ist noch heute die stärkste der reformierten Kirchen mit Synoden in jeder Provinz. Die Kirchlichen Behörden waren mit dem Großen Trek (s. u.)nicht einverstanden. Die Trekburen, die zu Beginn des 19. Jahrhunderts ins Innere des Landes zogen, blieben deshalb lange ohne offizielle Pastoren, sodaß sich zwei separate Kirchen bildeten, vor allem im Transvaal. Die neue begründete Kirche hieß Neu-Reformierte Kirche (Hervormde Kerk). Sie unterschied sich aber kaum von der Niederländisch Reformierten Kirche.

Bis in die Gegenwart hinein rechtfertigt die Niederländisch Reformierte Kirche die Apartheid und damit die Regierungspolitik theologisch, zuletzt auf ihrer Generalsynode 1978; sie heißt deshalb auch „Nationale Partei im Gebet".

Im Lauf des 19. Jahrhunderts begann diese Nederduitse Gereformeerde Kerk mit der Missionsarbeit unter „Mischlingen" und Indern. Für jede dieser Gruppen wurde eine Kirche gegründet. Heute gehören die beiden Kirchen dem Südafrikanischen Kirchenrat (SACC) an, der mit dem Ökumenischen Rat der Kirchen (ÖRK) verbunden ist, aus dem die Mutterkirche 1962 aber austrat, da dieser die Apartheid verurteilte. Inzwischen wird Apartheid von vielen protestantischen Kirchen als Häresie angesehen.

Die „Mischlingskirche" der Niederländisch Reformierten Kirche wurde international aufgewertet, als Dr. Allan Boesak, ein „Mischling", zum Präsidenten des Reformierten Weltbundes gewählt wurde. Dr. Boesak ist als charismatischer Führer und mutiger Kämpfer gegen die Apartheid bekannt. Er weiß, daß er eher gegen Regierungsanhänger angehen kann als ein englischsprachiger Pfarrer, weil er Sprache und Religion mit ihnen teilt.

Mit Ausnahme der Niederländisch Reformierten und einiger afrikanischer „unabhängiger Kirchen" stehen alle in Opposition zur Apartheid. Aus allen sind bekannte Apartheidsgegner hervorgegangen, wie zum Beispiel der anglikanische Bischof Trevor Huddleston, der in den 40er und 50er Jahren in Johannesburg tätig war und heute Präsident der britischen Anti-Apartheidsbewegung ist. Pater Huddleston war es, der aktiv die Opposition gegen die erste Zwangsumsiedlung, nämlich der schwarzen Stadtbewohner des Johannesburger Vorortes Sophiatown, organisierte. Der neugewählte Erzbischof Desmond Tutu, der erste afrikanische Erzbischof der anglikanischen Kirche in Südafrika, ging in Sophiatown zur Schule und wurde stark von Huddleston beeinflußt. Doch auch die Niederländisch Reformierte Kirche hat ihre Dissidenten. Der bekannteste ist Dr. Christiaan Beyers Naudé, heute Generalsekretär des Südafrikanischen Kirchenrates, der 1962 seinen Posten als Moderator der Transvaalsynode niederlegte, weil er nicht mit der Apartheid übereinstimmen konnte. Das kostete ihn acht Jahre Bann und die Ächtung der afrikaanssprachigen Gesellschaft, zu der er gehört.

Frontier

„Frontier" ist ein geographischer und ein soziologischer Begriff. Vor allem im Osten des Kapgebietes wird das Wort in beiden Bedeutungen gebraucht. Das ist verständlich, wenn man bedenkt, daß dort zwischen 1652 und 1700 die Ausdehnung der europäischen Siedlungen bis etwa 80 km vor Kapstadt reichte, hundert Jahre später die Jäger, Händler und Farmer aber schon bis etwa 800 km östlich von Kapstadt vorgedrungen waren. Obwohl die Einwanderung von Siedlern unterbunden war, wuchsen die Bevölkerung und entsprechend der Anspruch auf Land. Wie schon ihre Großeltern und Eltern, wollten Trekburen neue Farmen von 2.500 ha Größe.

Das Umherschweifen der Trekburen bei ihrer Suche nach Vieh, Weiden und Ackerland, auch das der Jäger, die den Elefanten folgten und deren elfenbeinerne Stoßzähne zu gutem Preis verkauften, war zu Beginn der Ausweitung der Siedlung vom Kap aus kaum behindert. Sicher stießen sie sehr bald auf Angehörige ngunisprachiger Völker, die Xhosa – die erste Begegnung fand etwa um 1710 statt –, aber es gab kaum Auseinandersetzungen. Die Trekburen arrangierten sich nicht nur mit den Xhosa-, sondern auch mit den „Mischlings"- und den Khoi-Khoingruppen, die die Umgebung des Kaps verlassen hatten. Sie lebten alle mit- und nebeneinander. Ab und zu gab es Streitigkeiten, wenn ein mißhandelter Khoi-Khoinknecht oder ein Sklave Zuflcht bei Xhosafamilien suchte oder wenn man sich gegenseitig beschuldigte, Vieh gestohlen zu haben. Jedoch war das Zusammenleben bis etwa 1770 einigermaßen friedlich.

Die Frontier, im soziologischen Sinne, war die Begegnung zweier Kulturen, der christlichen und der afrikanischen. Die zwei ethnischen Gruppen lebten neben- aber nicht miteinander, und jede beanspruchte von Zeit zu Zeit ein Gebiet, das vorher von der anderen Gruppe bewohnt oder beansprucht worden war. Es war ein Machtkampf, denn eine feste Grenze existierte nicht und konnte nicht bestehen, da das gesamte Gebiet nach afrikanischer Tradition und nicht nach europäischen Vorstellungen eingeteilt war, obwohl Pachtverträge abgeschlossen worden waren.

Zu Beginn der Begegnungen zwischen Xhosahäuptlingen und Buren hatten die Buren Geschenke verteilt, um sich die Gunst der Häuptlinge zu sichern. Doch als die Forderungen nach Geschenken offen gestellt wurden und nicht nur von Seiten der Häuptlinge kamen, wurde das für die Buren „freche Bettelei", die sie ärgerte und die zu viel Uneinigkeit führte. Für die Xhosa war ihr Verhalten selbstverständlich. Wenn jemand etwas im Überfluß hat und ein anderer nichts besitzt, dann erwartet der Ärmere, daß der Wohlhabendere ihm von seinem Überfluß etwas abgibt. Ein Dankeschön ist nicht einmal notwendig, denn im umgekehrten Fall benimmt sich derjenige, der gegeben hat, genauso und nimmt mit derselben Selbstverständlichkeit Geschenke an.

Zu Begegnungen anderer Art kam es nach 1770, als die Europäer in Konflikte mit Xhosafamilien gerieten. Beide, Europäer und Xhosa, vertrieben die Khoi-Khoin aus ihren Weidegründen. Diese verdingten sich dann bei den Xhosa oder bei den Buren als Knechte; in Kämpfen verbündeten sie sich mit der einen oder anderen Seite.

Zurück zur Geographie. Eigentlich muß man von drei Frontiers sprechen. Im Norden grenzte der Orangefluß das Kap ab. In seinem Tal hatten sich in der trockenen Karru vor allem „Mischlings“-Gruppen niedergelassen.

Einige „Mischlings“-Gruppen zogen entlang des Orangeflusses über die Grenze des heutigen Namibia, mit einem Führer namens Jager Afrikaner, dessen Sohn, Jonker, ein Bündnis zwischen Nama und Herero begründete und sich mit seinem Gefolge in Windhuk ansiedelte.

Die dritte und wichtigste Frontier zog sich entlang der Ostküste. Hier war das Land zwischen den Sundays, Großem Fischfluß, Keiskama und Kei immer mehr umstritten. Ein Teil dieses Gebietes war das schon genannte Zuurveld.

Der erste Frontierkrieg, von Afrikanern als der erste der Serie von Widerstandskämpfen gesehen, fand zwischen 1779 und 1781 statt. Die Ursache war ein Streit zwischen einer Trekburenfamilie und den Xhosa, und wie vorher und so oft später, ging es um Vieh. Die Buren brachten dabei mehrere Xhosa um, worauf Xhosakrieger zurückschlugen und Tausende von Rindern von Burenfarmen wegtrieben. Das Resultat waren Aufgebote von Kommandos, deren Hauptaufgabe ihrerseits darin bestand, Viehherden der Xhosa zu überfallen. Dieses Kommandosystem ersetzte an der Frontier den Schutz durch die Söldner der Kompanie.

Die Xhosagruppen waren nicht geeint. Sie waren unter Häuptlingen in kleinen Gruppen organisiert. Einige dieser Gruppen waren miteinander verfeindet. Es gelang den Buren sogar, einige Xhosagruppen mit in die Konflikte gegen andere Xhosa einzubeziehen.

Der erste Frontierkrieg endete dennoch keineswegs mit einer Niederlage der Xhosa. Während dieses ersten Krieges gelang es den Buren zwar, einige Kampftruppen der Xhosa zu schlagen und deren Häuptlinge zu zwingen, die Grenze als „jenseits des Fischflusses gelegen“ anzuerkennen, doch ein Grenzabkommen wurde nicht getroffen, und es wäre ohnehin sofort von beiden Seiten gebrochen worden. Buren jagten auf der Xhosaseite der Grenze; Xhosa weideten ihr Vieh auf der Burenseite. Waren nun auch nicht die Auseinandersetzungen zwischen Schwarzen und Weißen beendet, so wurde doch die Ausbreitung der Xhosa tiefer ins Kapgebiet hinein unterbunden.

Frontierkriege an der Ostküste zogen sich fast einhundert Jahre lang hin; etwa zehn sogenannte „Kaffernkriege“ wurden ausgetragen, und jedesmal wurde eine neue Vereinbarung getroffen, die sofort angefochten wurde und stets mit Landverlust der Xhosa endete.

Das lange Tauziehen hatte selbstverständlich handfeste Gründe – es ging um Weideland. Xhosa, Khoi-Khoin wie Buren brauchten beides, Winter- und Sommerweiden. Außerdem wollte alle ihre Herden vergrößern, selbst wenn das auf Kosten anderer ging.

Dazu kam die Frage der Arbeitnehmer und -geber. Theoretisch waren die Khoi-Khoin freie Schwarze, die nicht versklavt werden durften, doch es gelang den Buren, Khoi-Khoinkinder bis zum 25. Lebensjahr als sogenannte Lehrlinge zu behalten, was nichts anderes als Zwangsarbeit bedeutete. Khoi-Khoin, die schließlich nicht die beste Behandlung seitens ihrer Herren erfuhren, liefen, wenn sie konnten, zu Xhosafamilien über, worauf Buren dann stets gewaltsam ihre Rückgabe betrieben.

Eine weitere Komplikation war, daß es Buren verboten war, Xhosa in ihre Dienste zu nehmen. Als sich jedoch die Konsumgesellschaft ausbreitete, als Xhosa außer Pferden und Gewehren auch andere Angebote der reisenden Händler annehmen wollten, brauchten sie Geld. Dadurch war der Anfang ihrer Einbezihung in die Geldwirtschaft des Kaps gemacht. Wenn Angestellte auf Burenfarmen auch nicht viel verdienten und meistens lediglich Saison- oder Gelegenheitsarbeiter waren, so war dadurch trotzdem ein neues Verhältnis geschaffen, auch wenn man das in Kapstadt ungern sah.

Die Kompanie wollte kein Geld für mehr Angestellte ausgeben und war mit dem Kommandosystem zufrieden. Kommandoaufgebote konnten entflohene Sklaven und Kriminelle jagen; das kostete die Gesellschaft nicht viel. Mit der Zeit wurden mehr und mehr Khoi-Khoin als Kompaniesoldaten angeheuert, was wiederum den Trekburen mißfiel. Die Vorstellung, daß ein „Mischling“ oder Khoi-Khoin einen Weißen verhaften und abführen könne, brachte die rassebewußten Buren gegen die Verwaltung auf und führte zu offenem Aufruhr.

Die Gemeinsamkeiten der verschiedenen ethnischen Gruppen reichten sehr weit, führten aber zur Konkurrenz statt zur Einigung. Alle waren Halbnomaden und hielten Knechte. Jede Gruppe war auf sich allein angewiesen, und das Oberhaupt war stets ein Familienvater, der bei den Einheimischen Häuptling genannt wurde. Bei allen galt das Patriarchat. In allen Gruppen war Vieh Zeichen des Wohlstandes. Keine Gruppe war seßhaft genug, um eine große, zentral organisierte politische Einheit bilden zu können.

Der Grenzkonflikt besaß also die Dimension eines Rassen- und Klassenkampfes. „Klasse“ muß so verstanden werden, daß es um die Kontrolle über die Produktionsmittel ging, in diesem Fall um Land, Vieh und Arbeitskraft. Das Land gehörte den Khoi-Khoin und den Xhosa, aber die Buren hielten es für ihr Recht, dieses Land zu erobern oder, wenn es sein mußte, auch zu kaufen oder, wie nördlich des Orangeflusses, wo vor allem „Mischlings“-Gruppen lebten, zu pachten. Was Arbeitskräfte anbetraf, so hielten Xhosa wie Buren Khoi-Khoinknechte, und je erfolgreicher die Buren waren, sich Land anzueignen, desto mehr Arbeitskräfte benötigten sie. Das bedeutete, daß sie auch Xhosa beschäftigen mußten.

Im Jahre 1795 beendeten die Briten die Herrschaft der Kompanie und nahmen selbst die Verwaltung in die Hand. Sie fanden eine geteilte Gesellschaft, zerstrittene Gruppen und unklare Grenzen vor – am Kap selbst, in Namibia, wo verschiedene Völker lebten, vor allem aber an der Ostküste, wo die Spannungen am größten und die Verhältnisse am verworrensten waren. Sie unternahmen mehrere Versuche, die Frontierfrage zu klären, d. h., nicht nur Grenzkonflikte zu schlichten, sondern auch Grenzen zu ziehen. Alle ihre Versuche mißlangen, und die Verwirrung wurde noch größer.

Das 19. Jahrhundert: Land, Bodenschätze und Freiheitskämpfe

Die Briten am Kap

Die Revolutionen in Nordamerika und Frankreich wirkten sich auch am Kap aus. Buren schüttelten die Herrschaft der Kompanie ab und gründeten eigene kleine Republiken, wie Swellendam 200 km östlich von Kapstadt und Graaff-Reinet im Frontiergebiet. Das endgültige Ende der Kompanie kam aber erst, als die Briten 1795 das Kap besetzten.

Frankreich war 1774 in den Niederlanden eingefallen und hatte dort die Batavische Republik ausgerufen. In der Befürchtung, die Franzosen könnten auch das Kap besetzen, kamen die Briten ihnen zuvor; sie waren darin auch durch den Prinzen von Oranien bestärkt worden, der vor den Franzosen nach England geflohen war. Die Briten blieben bis 1803 und übergaben dann die Verwaltung des Kaps an die Batavische Republik, besetzten aber das Kap abermals 1806, um es nicht französisch werden zu lassen, und blieben dann endgültig.

Die Briten brachten neue Ideen mit und versuchten, die Verwaltung zu reformieren, was sofort den Widerstand der Frontierburen herausforderte. Diese hatten die Gouverneure der Kompanie kaum toleriert; umsomehr war es für sie untragbar, die neuen Vorschriften einer fremden Macht mit liberalen Absichten zu akzeptieren, soweit sie die Rechte der Einheimischen und nicht nur die der Buren betrafen. Die Briten hielten das Gebiet für wirtschaftlich unterentwickelt und versuchten u. a., die chaotischen Währungsverhältnisse zu klären. Die neuen Herren hatten sofort erkannt, daß eine sklavenhaltende Gesellschaft und eine Gruppe freier „Mischlinge“ eine wirtschaftlich untragbare Situation geschaffen hatten.

Zu diesem Zeitpunkt begann in England die Epoche der humanistischen Reformen, zum Teil getragen von einer evangelistischen Bewegung, die auch Missionsarbeit in „exotischen“ Gegenden verantwortete, wie die London Missionary Society (LMS). Die Londoner Missionsgesellschaft spielte später am Kap eine wichtige Rolle. LMS-Missionare verfeindeten sich mit den

Trekburen, da sie verlangten, daß sie ihre Sklaven und Khoi-Khoindiener menschlicher behandeln sollten.

1820 brachten die Briten etwa 5.000 Siedler ins Land, die pro Familie 100 „acres“ Land im Zuurveld bekommen sollten. Verglichen mit der Farmgröße der Buren von knapp 2.500 ha war das zu wenig. Keiner der Siedler war Bauer, keiner kannte die neuen Verhältnisse; nur wenigen gelang es, sich als Farmer zu etablieren. Die Mehrheit zog in die Städte – nach Grahamstown, Durban – damals Port Natal genannt –, Kapstadt und nach Port Elizabeth, wo sie gelandet waren. Die Briten waren Kleinbauern, Handwerker und Händler, aber nicht Viehzüchter im afrikanischen Sinn. Ihre Ansiedlung war mehr ein Versuch, das Frontierproblem zu lösen, als sie zu wirtschaflich erfolgreichen Ackerbauern und Viehzüchtern zu machen.

Der Lebensstil am Kap änderte sich mit der Ankunft der Briten. Diese hatten nämlich erwirkt, daß die Sklaven befreit wurden. Nachdem bereits 1806/9 der Handel verboten worden war, erlangten 1836 alle Sklaven innerhalb des Britischen Reiches – insgesamt 800.000, davon 29.000 am Kap – ihre Freiheit. Die Eigentümer wurden zwar entschädigt, aber für die Buren war einmal die finanzielle Wiedergutmachung zu niedrig, dann sollte das Geld in London abgeholt werden, und schließlich war es eine Beleidigung, einem Buren zu befehlen, wie er sich in seinem eigenen Hause zu verhalten habe.

In einem Staat, in dem Buren und Afrikaner vor dem Gesetz gleichgestellt waren, konnte keine Trekbure leben. So verließen die Frontierburen, diesmal mit klarem Ziel und in großer Anzahl, den britischen Herrschaftsbereich.

Die Briten verfolgten, wie so oft in ihren Kolonien, eine widersprüchliche Politik. Die Kolonialverwaltung sollte nichts kosten, gleichzeitig aber mußten die einheimischen Völker beherrscht oder, wie man sagte, befriedet werden – das bedeutete Militärbesetzung und Ausweitung der Siedleransprüche. Im südlichen Afrika wurde die Politik erschwert, weil man sich in London nicht einig wurde, ob man die Buren ziehen lassen sollte, ob man die Gebiete der Einheimischen zu britischen Protektoraten oder zu Kolonien machen oder sie allein wirtschaften lassen sollte.

Der Unterschied zwischen Briten und Buren ist vor allem am Regierungsstil zu erkennen. In jeder Burenrepublik wurde ein Gesetz erlassen, das nur den weißen Bürgern das Wahlrecht zusprach und jedem Afrikaner verbot, innerhalb der Grenze der Republik Land zu besitzen.

Am Kap jedoch wurde im Jahr 1853 eine Verfassung eingeführt, die jedem männlichen britischen Untertan das Wahlrecht mit bestimmten Einschränkungen verlieh. Dies galt für alle, „ohne Unterschied von Klasse oder Rasse“.

Später wurde das Wahlrecht zum Kern der Auseinandersetzungen der Parteien in Südafrika. Im Jahr 1836 aber ging es um die Beendigung der Sklaverei und die Rechte der „Nicht-Weißen". Für die unabhängigen Buren war es unfaßbar, daß sich eine fremde Regierung in einem entfernten Land in ihre Angelegenheiten einmischte und ihnen befehlen wollte, ob und wie sie einen „Kaffer" verprügeln durften.

Das Verbot der Sklaverei war für die Buren, vor allem für die Frontierburen, eine tiefe Beleidigung. Sie entschlossen sich, aus dem Kap ins Innere des Kontinents zu „trekken". Ihre Geduld reichte weder für die Briten noch für die Missionare. Die Buren organisierten einen „großen Trek" und gingen auf die Suche nach ihrem „gelobten Land".

Mfecane — Kriege und Völkerwanderungen unter den Afrikanern

Die Trekker zogen nicht nur in ein ihnen unbekanntes Land, sie brachen auch zu einer Zeit auf, die für ein derartiges Abenteuer recht ungünstig war.

Innerhalb der afrikanischen Gesellschaften hatten sich seit Ende des 18. Jahrhunderts enorme Entwicklungen vollzogen, die von den Weißen kaum bemerkt worden waren.

„Mfecane" nennen die Zulu diese Zeit, was etwa „Unterdrückung" oder „Zerschmetterung" heißt, während die Bezeichnung auf Sotho „Difaquane" oder „gewaltsame Völkerwanderung" bedeutet — bereits ein Hinweis, wer Angreifer, wer Opfer jener Zeit war.

Die Mfecane zog sich über eine lange Zeit hin, und die Nachwehen waren noch zu spüren, als sich die Burentrekker 1838 auf ihren „Heldenweg" machten.

Der Anfang der Mfecane wurde von einem kleinen ngunisprachigen Volk im Norden der heutigen Provinz Natal gemacht. König dieser Mthethwa war gegen Ende des 18. Jahrhunderts Dingiswayo, ein fähiger Herrscher, der eine Föderation mehrerer „Stämme" bildete. Dabei führte er einige Neuerungen ein. Er teilte die jungen Männer nach Altersgruppen in Regimenter ein, schaffte die Beschneidung und damit die alten Systeme der Loyalität ab und gab jedem neuen Regiment besondere Abzeichen.

Die Mthethwaförderation, die den Namen „Zulu" annahm, wurde eine Militärmacht. In einem Zuluregiment zu dienen, war eine Ehre. Immer mehr Nguni-Stämme gesellten sich zu der Föderation, und immer mehr Nachbarn wurden unter Druck gesetzt. Dingiswayo vereinte am Ende das gesamte Gebiet zwischen dem Mfolozi- und Tugelafluß.

Doch die Mfecane begann eigentlich erst nach dem Tod von Dingiswayo im Jahre 1818. Dingiswayos Nachfolger war der berühmte, berüchtigte Chaka.

Es ist nicht ausgeschlossen, daß Chaka etwas mit der Ermordung Dingiswayos durch dessen Erzfeind Zwide zu tun hatte; zur Klärung dieser Tatsache bedarf es noch der Forschungsarbeit afrikanischer Historiker.

Fest steht, daß Chaka, ein illegitimer und unbeliebter Sohn des Häuptlings eines kleinen Ngunistammes, um etwa 1809 in den Dienst des Königs Dingiswayo getreten war. Er tat sich bald durch seinen Mut, seine Waghalsigkeit und seine Klugheit hervor. In dem Putsch, dem Dingiswayo zum Opfer fiel, wurde auch sein Erbe zerstört. Chaka trat an seine Stelle und wurde König des neuen Zulu-Reiches.

Chaka erwies sich als kluger, wenn auch rücksichtsloser Herrscher. Auch er führte Neuerungen ein; er ersetzte die üblichen Wurf- durch Stoßspeere und schaffte bei seinen Soldaten die Sandalen ab, weil sie barfuß besser laufen und kämpfen konnten. Er sorgte dafür, daß die Krieger bis zum 40. Lebensjahr unverheiratet blieben und die Regimenter, impis genannt, zu einer wirkungsvollen Kriegsmaschine ausgebildet wurden.

Chaka setzte seine impis gegen die Nachbarn ein, verursachte Verwirrung und Uneinigkeit im südlichen Afrika und wurde zum mächtigsten Herrscher in der gesamten Region, dem jeder Tribut zahlen mußte. Dieses Vorgehen machte die Zulu aber zu einer verhaßten Macht und brachte ihnen nur Feinde ein. Das hatte später schwerwiegende Folgen für das gesamte schwarze Volk in seinem Kampf gegen die Weißen. Chaka wurde nicht nur von seinen Feinden, sondern auch von seinen Generälen gefürchtet, da seine Rache für verlorene Schlachten grausam war. Seine Nachbarn übernahmen von ihm die neue Taktik, gegen den Feind so vorzugehen, daß dieser langsam, aber unentrinnbar umzingelt wurde. Nach und nach nahm die Übermacht der Zulu ab.

Chaka regierte bis 1828, wurde von zweien seiner Halbbrüder ermordet und von dem Überlebenden, Dingaan, abgelöst. Chaka hatte es verstanden, politischer Kopf der Zulu, oberster Kriegsherr und auch religiöses Oberhaupt des neuen Königreiches zu werden. Sein Ruf lebte auch nach seiner Zeit noch lange fort.

Alle Völker der Region wurden von der Mfecane betroffen, entweder direkt, indem sie angegriffen, oder indirekt, indem sie zu Flüchtlingen wurden und andere angriffen. Sotho, Pedi, Tsonga, Swasi, Shangaan, Tswana – keine Gruppe entkam der Mfecane, nicht einmal die Lozi im entlegenen Gebiet der heutigen Westprovinz Sambias.

Die ngunisprachigen Gruppen, die zuerst betroffen waren, lebten in einem breiten, offenen Grasgürtel in der Nähe des Tugelaflusses. Sie flüchteten in die Nähe der Gebirge, überquerten den Umzimkulufluß oder suchten Unterschlupf in den Lebombobergen.

Die Tsonga im Nordosten kamen glimpflich davon, da sie verhältnismäßig wenig Vieh besaßen und in ihrem Gebiet ansässig bleiben durften.

Die Sotho hingegen mußten ihr fruchtbares Land an den Drakensbergen verlassen und zogen entweder in die Drakensberge oder weiter nach Norden. In den Drakensbergen gründeten sie das heutige Lesotho unter Moshoeshoe, der zwar kein Häuptlingssohn, aber ein fähiger und kluger Führer war. Dieser zog um 1820 mit seinem Gefolge in das Butha-Buthe-Gebirge, wo er sich gegen die ersten Angriffe von Flüchtlingen der Zulukriege – durch Hlubi, Ngwane und Tlokwa – erfolgreich verteidigte. Später zog er noch weiter nach Thaba Bosiu, einem Berg mit guter strategischer Lage, Wasser und Weiden. Von hier aus konnte Moshoeshoe nicht nur die vielen Angriffe von Flüchtlingen zurückschlagen, sondern auch vielen Gruppen Obhut bieten und so seine neue Nation der Basotho gründen und befestigen. Der neue Herrscher lebte in der Tradition der Vielweiberei. Das verschaffte ihm die Loyalität vieler Söhne und Kriegsführer. Die Basothonation entwickelte sich niemals zu einer homogenen Gesellschaft wie die der Zulu. Es gab verschiedene Dialekte und unterschiedliche traditionelle Riten. Als politische Heimat für Flüchtlinge bildete sie jedoch den Kern einer neuen Gemeinschaft aus zerstreuten Völkern.

Auch die Swasination hat ihre Geburt der Mfecane zu verdanken. Die Dhlaminis, eine Großfamilie, die nordöstlich des heutigen Swasiland lebte, mußte fliehen, um den Angriffen einer Ngunigruppe zu entgehen. Die Dhlaminis änderten ihr traditionelles politisches System, gründeten 1815 ein Königreich unter Sobhuza I. und konnten dank dieser Zentralorganisation die Mfecaneperiode überleben.

Andere sothosprachige Flüchtlinge gesellten sich zu den Dhlaminis hinzu. Der Name „Swasi" ist dem Nachfolger von Sobhuza I. zu verdanken, dem König Mswati, der eine Armee gründete, die den Zuluangriffen widerstehen konnte. Mswati übernahm die Zuluidee der gleichaltrigen Kriegergemeinschaften; genau wie bei den Zulu wurden Krieger zu Dorfbefehlshabern ernannt, sodaß das Militär regierte. Chaka hatte sich seiner weiblichen Familienmitglieder bedient, um seine Obermacht in den Döfern durchzusetzen; diese Strategie adoptierte König Mswati.

Die Einheit der Swasination war militärisch begründet worden und wurde durch das Militär gesichert. Aber dabei blieb es nicht. Swasis nahmen an der Entwicklung ihres Staates teil, indem sie Straßen bauten, die Landwirtschaft verbesserten und gleichzeitig durch Vereheligung und Bruderschaften die alten Unterschiede zwischen verschiedenen Flüchtlingsgruppen verwischten. Das politische System des Königreiches und seine Häuptlings- und Dorfräte überlebte und bildet noch heute den Grundstein der Verfassung des Landes.

Flüchtlinge aus ngunisprachigen Gegenden gründeten auch andere Nationen. Unter ihnen befand sich Msilikatsi, ein ngunisprachiger Chaka-General, der mit seinem 2.000 bis 3.000 Mann starken Gefolge 1823 aus Zulu-

land auszog und sich zuerst in der Gegend niederließ, in der sich heute Pretoria befindet. Msilikatsi wurde 1837 von den Buren besiegt (s. u.)und zog nördlich über den Limpopo, wo er sich im heutigen westlichen Simbabwe ansiedelte. Sothosprachige Gruppen wurden in Msilikatsis neuer Nation aufgenommen. Sie wurde bald als „Ndebele" bekannt. Die Ndebele verfolgten die Strategie, zwar ihre Feinde zu besiegen, aber die Überlebenden in ihr Volk einzubeziehen.

Msilikatsi, der 1868 starb und der von seinem Sohn Lobengula abgelöst wurde, bediente sich auch des Chakasystems der impis; Krieger hatten die Vorherrschaft in den Dörfern. Die gleichaltrigen Militärs waren gleichzeitig Krieger, Aufseher im Produktionsprozeß und Eigentümer von Herden und Land. Wie in Zululand, war auch hier im Matabeleland die politische Macht in den Händen des Königs zentralisiert.

Eine andere Flüchtlingsgruppe war nur für eine kurze Zeit erfolgreich. Sebitwane, Häuptling einer sothosprachigen Gruppe, ließ sich mit seiner Kologruppe in Barotseland, der heutigen Westprovinz von Sambia, nieder. Es gelang ihm, während eines Bruderkrieges der einheimischen Lozi (Barotse) das Königreich an sich zu reißen. Auch Sebitwane bediente sich der Chakastrategie der Militärregierung und siedelte Kololosoldaten in Lozidörfern an, wo sie einheimische Frauen heirateten. Doch bereits 1864 wurden die Kololo von Loziaufständischen besiegt. Nur die Kololosprache Sotho blieb von der Kololobesetzung in Barotseland übrig.

Zusammenfassend muß man feststellen, daß die Kriege des mächtigen Zulukönigs Chaka das gesamte Süd- und auch Zentralafrika beeinflußt haben. Neue Nationen wurden gegründet, wie das Königreich der Basotho (Lesotho), das der Swasi, das Gazareich des Shangane, das Reich der Ndebele in Simbabwe wie auch das der Kololo in Barotseland. Sotho, Tswana, Pedi, Venda, Swasi, Shangane, Tsonga, Zulu wurden direkt von der Mfecane beeinflußt. Hinzu kommt, daß Flüchtlinge aus Zululand in andere Gebiete zogen, wie in die östliche Provinz von Sambia, in den Norden von Malawi und nach Tansania, wo kleine Gebiete von ngunisprachigen Gruppen noch heute Minderheiten bilden.

Eine weitere wichtige Gruppe, die ebenfalls von der Mfecane beeinflußt wurde, war das Gefolge des ngunisprachigen Häuptlings Shoshangaan, der in das Gazagebiet flüchtete, das im heutigen Mosambik liegt. Shoshangaan bekämpfte die einheimischen Völker, vor allem die Tsonga, aber es gelang ihm nicht, wie z. B. den Ndebele, diese in seine neue Nation zu integrieren. Er plünderte weiter die Dörfer seiner Nachbarn, so z. B. die der Venda und Pedi, und unterdrückte die Tsonga, sodaß er seinen Nachfolgern auch Feindschaften hinterließ. Das Gazareich konnte sich nicht gegen die Portugiesen behaupten. In den 90er Jahren des vorigen Jahrhunderts wurden sie von diesen besiegt, die sich das Gebiet zu eigen machten.

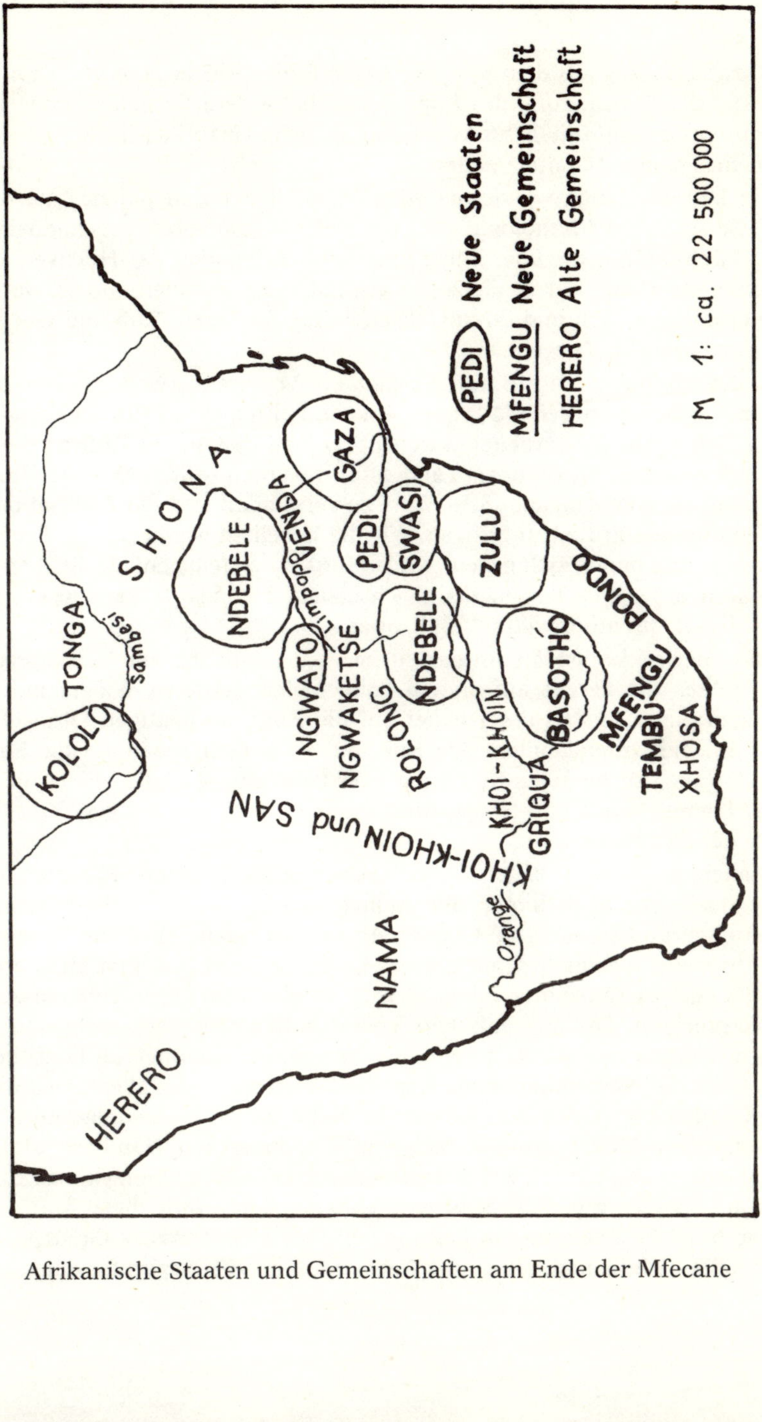

Afrikanische Staaten und Gemeinschaften am Ende der Mfecane

Der Große Trek

Der große Auszug aus dem Kap, der gegen Ende 1835 begann und etwa ein Sechstel der Bevölkerung des Kaps betraf, hatte derartig tiefgreifende Folgen für das gesamte südliche Afrika, daß manche Historiker ihn für den Anfang eines neuen Zeitalters halten.

Ein Jahrzehnt lang wanderten etwa 14.000 Trekburen – jene Voortrekker, wie sie in der Mythologie von „het volk" – „die volk" – genannt werden, durch die Region, über Berge und durch Täler, über das Hochveld und durch die trockene Karru. Sie zogen aus mit ihren Familien und schwarzen Dienern, ihrem Vieh und ihren Ochsenwagen, mit ihrem Hab und Gut, mit der Bibel und dem Gewehr.

In der Mythologie der Buren gleichen die Voortrekkerwanderungen dem Zug der Israeliten durch die Wüste. Wie diese litten sie an Krankheiten und unter Durst. Die Voortrekker waren überzeugt, daß sie im Auftrag Gottes handelten und in ein Gelobtes Land geführt werden sollten. Wie die Israeliten hatte sie eine Aufgabe: Sein Wort zu verkünden und die Zivilisation in diesen dunklen Erdteil zu bringen. Wie die Israeliten waren sie von Feinden umgehen und mußte sich gegen „wilde Horden" verteidigen, die sie den Kanaanäern des Alten Testaments gleichsetzten. Die Voortrekker waren das Neue Israel, das auserwählte Volk Gottes.

Die Voortrekker waren auf der Suche nach Land, aber die bantusprachigen Völker, die bereits auf diesem Land lebten, leisteten Widerstand. Im heutigen Natal stießen die Trekker auf die Zulu, im heutigen Orangefreistaat auf die Griquafamilien wie Kok und Waterboer sowie auf die Sotho und Tswana, im heutigen Transvaal zuerst auf die Ndebele, dann auf die Pedi, Tsonga, Venda und Swasi. Auch mußten sie sich weiter gegen die Angriffe der San wehren.

Manchmal fanden gleichzeit an verschiedenen Orten Kämpfe statt, manchmal aber auch lebten alle monatelang in Frieden. Die Bündnisse wechselten und so auch die Gegner. Ab und zu gelang es einem Voortrekkerführer, ein Abkommen mit einem Häuptling zu treffen, ihm Land abzukaufen oder es zu pachten oder ihn zum Verbündeten gegen einen anderen zu verpflichten. Die afrikanischen Völker hatten sich noch nicht von der Mfecane erholt; sie waren noch dabei, ihre neuen Nationen zu konsolidieren. Über die Neuankömmlinge waren sie bestürzt – vor allem, weil diese mit Pferden und Gewehren kamen. In Natal hatten Zulukönige kurz vor dem Großen Trek begonnen, sich von den britischen Händlern in Port Natal (später Durban) Gewehre zu verschaffen – nun mußten sie sich trotzdem mit Speeren gegen die Maximgewehre der Buren verteidigen.

Die britische Regierung in London verfolgte eine Zickzack-Grenzpolitik. Sie wußte nicht genau, ob sie der Kapverwaltung den Segen für eine totale

PASS IN

Kontrolle über das Grenzgebiet geben oder den Versuch der indirekten Regierung (wie in Indien) durch die Häuptlinge fortsetzen sollte.

Am Kap war man erstaunt über den Auszug der Buren und entsetzt, als Berichte über blutige Kämpfe mit Einheimischen Kapstadt erreichten. Man war nicht bereit, die Buren einfach ziehen zu lassen.

Im Jahr 1836 wurde das sogenannte Strafgesetz am Kap erlassen, das Emigranten mit Prozessen drohte, wenn sie sich während ihres Aufenthaltes in Inneren des Landes eines Vergehens schuldig gemacht hatten und dann ans Kap, unter britische Verwaltung, zurückkehrten. Da Strafen auf Mißhandlungen von schwarzen Dienern und auf Versklavung von jungen Schwarzen standen und da die Briten ab und zu direkt in Voortrekkerangelegenheiten eingriffen, um sich so Kontrolle über diese zu verschaffen, ging es den Trekkern nicht nur darum, das Gelobte Land zu finden, sondern dieses auch unabhängig von der britischen Krone zu verwalten.

Direkter Anlaß für den Großen Trek war die Freilassung der Sklaven am Kap. Aber die Gründe für den Auszug der Voortrekker waren doch unterschiedlich und lagen oft tief im Unterbewußten.

Wenn man die Lage der Voortrekker betrachtet und diese mit heutigen Äußerungen der Regierung in Pretoria vergleicht, stellt man mit Bedauern fest, wie wenig sich das Weltbild und das Selbstbild geändert haben.

Die Kapburen, vor allem in den Grenzgebieten, waren über den Einfluß der Missionare auf die Verwaltung verärgert. Sie wollten weder einem Beamten noch einem Kirchenführer zugestehen, sich in ihre „inneren" Angelegenheiten einzumischen. Sie waren empört, daß ein „Nicht-Weißer" dieselben Rechte haben sollte wie ein Weißer. Zu Beginn des 19. Jahrhunderts hatte sich die Überzeugung von der Überlegenheit der weißen Rasse bei den Buren endgültig festgesetzt.

Sie glaubten, daß die Weißen nur überleben könnten, wenn sie die Herren blieben. Jeder Versuch der britischen Verwaltung, der Missionare oder liberaler Politiker, die Strukturen zu ändern oder das Verhältnis zwischen Herren und Dienern zu verbessern, wurde als „gottlos" angesehen und als Versuch betrachtet, an den Buren einen Völkermord zu begehen. Auch heute spricht Präsident P.W. Botha von dem „totalen Angriff auf die Nation", gegen den sich die weißen Südafrikaner verteidigen müßten.

Die Buren waren über die Kritik empört, die man in Europa an ihrer Rassenpolitik äußerte. Sie machten dafür die Missionare und „andere voreingenommene Personen" verantwortlich. Auch heute schiebt die südafrikanische Regierung die Schuld für die schlechte internationale Presse einfach auf Kirchenführer wie Erzbischof Tutu und auf die Medien.

Die Trekburen wollten Herren im eigenen Haus sein. Es war verständlich, daß sie sich gegen die ungeschickte Politik der britischen Verwaltung wehrten. Diese wollte mit Gewalt Englisch als Amtssprache einführen und bestand zum Beispiel darauf, daß bei Gerichtsverfahren stets Englisch gesprochen wurde. Dabei vergaßen die Buren aber, daß sie selbst den Hugenotten, die 1688 ans Kap gekommen waren, die französische Sprache verboten hatten; heute erkennt man die Abstammung von Hugenotten nur noch an Familiennamen, wie etwa De Villiers, du Toit, du Plessis oder du Bois. Der wichtigste Grund für den Trek war aber der Landhunger. Die Kompanie hatte als Regel eingeführt, daß jeder Bure eine Farm mit einer Größe von etwa 2.500 ha besitzen sollte – ebensoviel, wie man an einem halben Tag per Pferd abreiten konnte. Für eine neue Generation gab es nicht mehr genügend Land.

Die Trekburen, die nördlich des Orangeflusses auf Jagd gegangen waren, berichteten von leerem Land und von ausgedehnten Steppen im Hochland, nördlich des Vaal. Der Drang, sich in diesen anscheinend freien Gebieten anzusiedeln, ließ die Mehrheit der Buren zu dem Entschluß kommen, ihre Farmen zu verkaufen, die Planwagen mit ihrer Habe zu beladen und sich auf die Wanderung zu begeben. Sie zogen in Verwandtschafts- und Nachbarschaftsgruppen von je etwa 20–30 Familien.

Es gab vier Hauptzüge der Trekker. Der erste wurde von Louis Trichardt im September 1835 geführt. Trichardt kam aus der Umgebung des Keiflusses. Zusammen mit Jan van Rensburg zog er durch den heutigen Orangefreistaat. Van Rensburg zog weiter in den Norden und kam mit seiner ganzen Gruppe durch Krankheit oder im Krieg gegen die Einheimischen um. Trichardt konnte zwar die Küste an der Delagoabucht bei Maputo erreichen, aber nur wenige seiner Mittrekker überlebten. Diese fuhren mit dem Schiff zurück nach Port Natal. Das war im Jahre 1839. Im Transvaal gibt es heute einen Ort, der nach diesem Voortrekker benannt ist. Hendrik Potgieter war der Führer einer zweiten Gruppe, die im Februar 1936 den Orangefluß überquerte und sich dann auf die Suche nach Trichardt machte.

Potgieter wurde jedoch von dem Ndebeleführer Msilikatsi überfallen. Kurz darauf stieß eine dritte Gruppe, geführt von Piet Uys, zu Potgieter. Zusammen überfielen diese Gruppen dann die Ndebele, zuerst in einem ihrer Lager, zwei Monate später in ihrem Hauptsitz. Die Buren siegten, und Msilikatsi zog noch einmal aus, um für sein Volk ein Reich zu gründen. Jenseits des Limpopo siedelten sich die Ndebele im heutigen Matabeleland in Simbabwe an (s. o.).

Die Buren, vor allem Potgieter, beanspruchten nun einen Teil des Transvaals. Sie behaupteten, sie hätten das Land von Msilikatsi erobert, eine Behauptung, die jedoch von anderen Einheimischen – den Pedi, Venda und Tsonga – bestritten wurde. Zwar lagen die Flächen zum Teil brach, aber die Afrikaner waren sich bewußt, daß sie dorthin zurückkehren würden, wo die Knochen ihrer Brüder, die in der „mfecane“ umgekommen waren, bleichten.

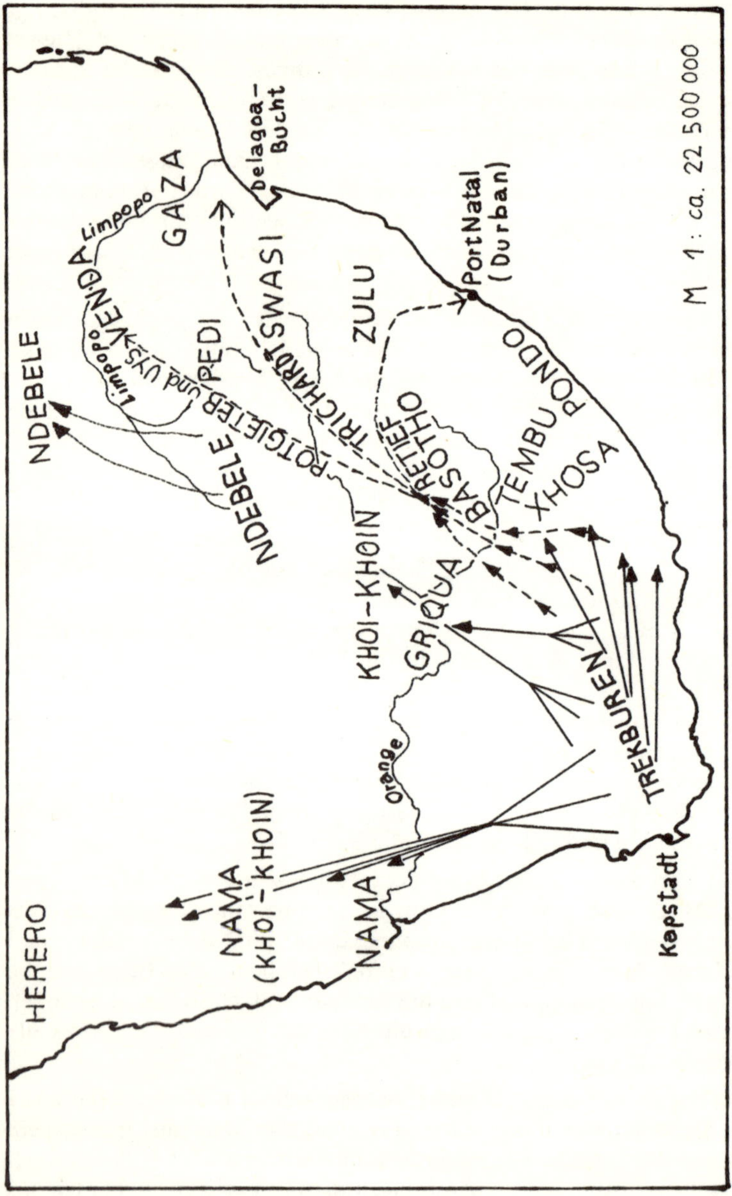

Zwischen 1800 und 1840 verlassen Khoi-Khoin, Griqua, Trekburen und Voortrekker die Kapregion

Potgieter und Gerrit Maritz gründeten 1838 im Orangefreistaat bei Thaba Nchu die erste Burenrepublik Winburg. Maritz wurde zum Präsidenten gewählt. Der inzwischen eingetroffene Piet Retief, einer der fähigsten Trekführer, wurde zum Oberkommandanten und Gouverneur der neuen Republik ernannt. Er führte die vierte Trekkergruppe.

Retief hatte vor dem Verlassen des Kaps ein Manifest verfaßt, in dem er erklärte, daß die Buren keine Sklaven halten, aber „die richtigen Beziehungen zwischen Meister und Diener aufrechterhalten würden." Sie würden niemanden angreifen, sich aber verteidigen, wenn man sie angreife. Sie beabsichtigten, Gesetze zu erlassen und zu versuchen, mit den Einheimischen friedlich zusammenzuleben. Sie würden die Kolonie mit der Überzeugung verlassen, daß die englische Regierung nichts mehr von ihnen verlangen könne und daß sie sich von nun an selbst regieren würden.

Weder Potgieter noch Uys hatten offizielle Ämter innerhalb der neuen Regierung erhalten. Beide waren unzufrieden. Die ersten Streitigkeiten der Buren untereinander begannen. Potgieter zog über den Vaalfluß und gründete die Republik Potchefstroom, während andere Buren nach Osten zu den Drakensbergen trekten. Retief nahm mit dem Zulukönig Dingaan Verbindung auf. Er wollte Ländereien im fruchtbaren Natal erwerben. Dingaan sagte zu, bestand aber darauf, daß die Buren ihm zuerst eine Viehherde, die ihm ein anderer Häuptling abgenommen hatte, zurückbrachten. Es gelang Retief nicht nur, sich der Herde, sondern auch aller Gewehre und Pferde des betreffenden Häuptlings zu bemächtigen. Dingaan bekam Angst. Er hatte schon lange von den Kämpfen der Buren mit den Xhosa gehört, die Stück um Stück ihr Land aufgeben mußte, hatte von der Niederlage des ehemaligen Chaka-Generals Msilikatsi erfahren und hatte mit Ärger bemerkt, daß die Buren keineswegs die Rückkehr von Retief abgewartet hatten, sondern daß sie bereits über die Drakensberge nach Natal gekommen waren. Dingaan empfing also Retief und seine Delegation, doch nach einem anscheinend freundlichem Treffen ließ er sie alle töten - 70 Buren und 30 Diener. Dingaans impi überfielen dann die Voortrekker, die in Natal angekommen waren, und vertrieben die Briten aus Port Natal, ihrem Handelsstützpunkt.

Die Rache der Buren ließ nicht lange auf sich warten. Sie hatten im Lauf ihres Treks ein bestimmtes Lagersystem entwickelt: sie gruppierten die Wagen in einem Kreis, banden sie aneinander, trieben ihr Vieh in diese Wagenburg hinein und feuerten im Schutz des Lagers auf die Angreifer.

Andries Pretorius, ein Neuankömmling aus dem Kap, führte 500 Buren gegen die Zulu. Von ihrer Wagenburg aus gelang es ihnen, ein Blutbad unter den nur mit Speeren kämpfenden Zulu anzurichten: 3.000 Zulu starben am 16. Dezember 1837. Nur drei Buren wurden verwundet. Noch heute heißt der Fluß, an dessen Ufer der Kampf ausgetragen wurde, Blutfluß. Am Vorabend hatten die Buren geschworen, daß sie den Tag künftig als heili-

gen, Gott geweihten Tag begehen wollten, wenn ihnen ein Sieg beschert würde. Getreu diesem Gelöbnis wird der 16. Dezember noch heute als Dingaanstag gefeiert. Wenn die Buren je Zweifel an ihrer Erwählung hatten, so wurden diese durch den Sieg am Blutfluß ein für alle mal beseitig. Nach Pretorius wurde die Hauptstadt Transvaals Pretoria genannt; sie wurde später Hauptstadt der Union.

Die Macht der Zulu war für mehrere Generationen gebrochen. Dingaan fiel einem Komplott zum Opfer, und sein Bruder und Nachfolger Mpande wurde zum Vasallen der Buren. Diese riefen 1840 die Republik Natalia aus, gründeten die Hauptstadt Pietermaritzburg, und zusammen mit den bereits bestehenden Republiken Winburg und Potchefstroom bildeten sie eine lose Föderation. Die Strukturen in allen drei Republiken waren ähnlich. Es fehlte an starken Zentralregierungen, und sie besaßen wenige Beamte oder Polizisten — dazu fehlten die Mittel. Es gab stets Streitigkeiten um Land und Zuteilung von schwarzen „Lehrlingen", — das waren die jungen Afrikaner, entweder Kinder der Diener oder gefangene Jugendliche, die als unbezahlte Arbeitskräfte unentbehrlich schienen.

Natalia besaß eine Bevölkerung von etwa 6.000 Weißen und 20.000 Afrikanern. Nur Weiße, die von Buren abstammten und am Kap geboren waren, konnten Bürgerrechte erwerben. „Nicht-Weiße" durften sich nur als Angestellte innerhalb der neuen Republik aufhalten, mußten „Pässe" mit sich tragen, durften keine Gewehre oder Pferde mit sich führen oder Land besitzen; ganze Sippen wurden ausgewiesen. Hier konnten die Vorschriften der Apartheids- und speziell der Umsiedlungspolitik der 60er bis 80er Jahre dieses Jahrhunderts anknüpfen.

Es dauerte nicht lange, bis die ersten offenen Konflikte im Süden der Republik zwischen Buren und Afrikanern aufbrachen. Einer der Häuptlinge bat die Briten am Kap um Schutz, den diese gewährten. Die britische Verwaltung weigerte sich, die Republik Natalia anzuerkennen und annektierte 1843 das gesamte Gebiet. Die Nataler wurden zwar nach ihren Wünschen für eine Verfassung befragt, aber man verweigerte ihnen die Aufrechterhaltung von Rassenschranken. Darauf verließen viele Buren Natal und kehrten auf das Hochveld zurück, entweder nach Potchefstroom, nach der neuen Siedlung Lydenburg, oder sie zogen zurück nach Winburg. Eine kleinere Republik, Utrecht, wurde innerhalb eines Gebietes gegründet, das Mpande an die Buren abgetreten hatte, sodaß nach zwei Jahren die Republik Natalia nicht mehr existierte.

Ein neuer Gouverneur vom Kap übernahm dann das verkleinerte Natal. Die Briten dehnten damit ihre Verwaltung aus und übernahmen die Verantwortung für mehr als 10.000 Afrikaner. Etwa die Hälfte lebte als sogenannte squatters auf Farmen der Weißen, die Grund und Boden den Afrikanern abgenommen hatten. Für die übrigen bildete man Reservate.

Zur gleichen Zeit waren die Verhältnisse an der Ostgrenze des Kaps noch immer ungeklärt. Die Kapverwaltung versuchte mehrere Male, Grenzabkommen mit den Einheimischen zu treffen; gelegentlich annektierte ein Gouverneur einen Bezirk, mußte ihn aber häufig auf Befehl aus London wieder aufgeben.

Sir Harry Smith, der britische Gouverneur des Kaps, annektierte 1848 ein Gebiet zwischen dem Keifluß und dem Keiskama und nannte es „British Kaffraria"; im selben Jahr nahm Smith ein weiteres Gebiet im heutige Orangefreistaat in Besitz, Transorangia.

Innerhalb British Kaffrarias „reservierte" der britische Gouverneur Land für die Afrikaner und erlaubte Weißen, sich auf einigen Farmen und in einigen Dörfern anzusiedeln. Eine Kapbesatzungsmannschaft lebte ebenfalls dort. Es war abzusehen, daß das keine Lösung war. Die Xhosa waren über diese Eingriffe empört. Im Jahr 1850 brach ein neuer Krieg – der 8. Xhosakrieg – gegen die Kapverwaltung aus, der mit der Absetzung des Häuptlings Sandile durch die Briten endete. Die Xhosa kämpften weiter. Dieser Krieg, wie andere Kriegszüge auch, wurde den Briten zu teuer. Sie ersetzten Sir Harry durch einen Nachfolger, der im Jahr 1852 ein Siedlerkommando gegen die Xhosa führte, Sandile wieder als Häuptling anerkannte, aber die Xhosafamilien über den Keifluß trieb, der einige Zeit als Grenze galt.

Noch verworrener waren die Zustände nördlich des Orangeflusses. Zwischen den Flüssen Orange und Vaal lagen die Voortrekkerrepublik Winburg, nördlich des Vaals die Republiken Potchefstroom und Lydenburg. Im Westen des Gebietes lebten Tswanagruppen noch verhältnismäßig ungestört. Im Südosten wohnten die Sotho, die unter König Moshoeshoe ihre Existenz und die Zukunft ihres kleinen Königreiches, heute Lesotho genannt, sichern konnten.

Griquasippen lebten ebenfalls in dieser Gegend, doch ein großes, flaches Gelände wurde von allen beansprucht: dies war das Land, das 1848 von Sir Harry Smith als „Transorangia" annektiert worden war. Dort trafen und stritten sich die verschiedenen Gruppen. Zu ihnen gesellten sich Abenteurer und Trekburen, die schon vor dem Großen Trek über den Fluß gezogen waren. Die Briten nahmen irrtümlich an, daß die meisten Weißen – also die Trekburen – und die Afrikaner es begrüßen würden, wenn die britische Oberherrschaft in diesem Gebiet eingeführt würde. Also erklärten sie 1848 das gesamte Gebiet zwischen dem Orange und dem Vaal zu ihrem Hoheitsgebiet. Sofort griff Potgieter zu den Waffen, wurde aber besiegt.

Dies ist ein Zeitpunkt in der Geschichte des südlichen Afrikas, wo Britannien eventuell die zukünftige Entwicklung hatte positiv beeinflussen können. Doch wie so oft vor- und nachher, versagte man in London. Auf der einen Seite bestand der Druck der Liberalen und Missionare, auf der anderen ein finanzieller Zwang, der die gewichtigere Rolle spielte.

Man wollte keine aufwendige Kolonialverwaltung finanzieren. Die Briten unternahmen nichts, um die Afrikaner zu schützen, die im Bereich der Voortrekkerrepubliken lebten und denen immer mehr Land weggenommen wurde, ohne daß sie dafür ausreichend entschädigt wurden oder wenigstens in den Republiken selbst Bürgerrechte erhielten. Nur am Kap wurden „Nicht-Weiße" einigermaßen gerecht behandelt. Als 1853 dort das Wahlrecht mit bescheidenen Einschränkungen eingeführt wurde, gab es nach dem Gesetz keine Rassenschranken.

Etwa 15.000 Trekburen lebten nun über ein großes Gebiet verstreut, geschwächt durch andauernden Streit zwischen ihren Führern, vereint durch den Haß auf die Briten und die Überzeugung vom Recht auf ein freies Leben, Landhunger und den Drang, sich einen Weg zum Meer zu bahnen, um dadurch die Abhängigkeit vom Kap zu verringern.

Auch hier erinnert die Gegenwart an die Vergangenheit. Die afrikaanssprachigen Südafrikaner im Norden, also in Transvaal, sind die bittersten Gegner der jüngsten Reformversuche der Botharegierung. Die rechtsextremen Gruppen befinden sich alle im Norden; 1986 wie auch schon 1846, nach dem Auszug aus Natalia, wollen sie keinen Einfluß von Briten oder Außenseitern dulden. Gleichzeitig streben die Staaten des südlichen Afrikas außerhalb der Grenzen der RSA nach eigenen Zugängen zur offenen See, um sich von den Häfen und anderen Infrastruktureinrichtungen der Republik unabhängig zu machen.

Für die Briten war die Feindseligkeit der Buren nördlich des Vaals unverständlich, aber sie akzeptierten diese endlich 1852 und unterschrieben eine Urkunde, die zum ersten Mal das Recht der Buren auf Selbstbestimmung in Transvaal anerkannte.

Im Hoheitsgebiet des Orangeflusses entstand allmählich eine neue Gesellschaft. Etwa 10.000 Weiße lebten in fünf Dörfern, jedes mit einer Niederländisch Reformierten Kirche; Bloemfontein wurde Hauptstadt, und im Jahr 1854 erhielt auch dieses Gebiet von den Briten dasselbe Recht auf Selbstbestimmung wie der Transvaal.

Da jedoch keine Grenzen festgelegt worden waren, ging der Konflikt zwischen den Sotho und den Buren weiter. Die Briten hatten sich einer Lösung dieses Problems vorerst entzogen.

Mit den Abkommen von 1852 und 1854 war der Große Trek beendet; es bestanden fünf unabhängige Voortrekkerrepubliken: Zoutpansberg, Lydenburg, die Südafrikanische Republik (vorher Potchefstroom, später Transvaal), sowie der Orangefreistaat und Utrecht. Es ist unwahrscheinlich, daß sie eine große Rolle in der Weltgeschichte gespielt hätten, wenn das Gebiet nicht in der zweiten Hälfte des 19. Jahrhunderts für die europäischen Großmächte von Interesse geworden wäre.

Weitere Freiheitskriege in der 2. Hälfte des 19. Jahrhunderts

Der Widerstand der afrikanischen Völker gegen das Eindringen der Weißen war keineswegs mit dem Abkommen zwischen Buren und Briten 1852 und 1854 beendet.

Am Kap kämpften die Xhosa weiter. Ein Grund, warum sie zu Beginn des 19. Jahrhunderts gegen die Trekburen nicht erfolgreich waren, war ihre damalige Uneinigkeit. Zu Beginn des Jahrhunderts war der wichtigste Xhosahäuptling, Hintsa, noch ein Kind; der stärkste Häuptling Ndlambe – war zur selben Zeit ebenfalls nicht eigentlicher Häuptling, sondern Regent für seinen Neffen Ngquika. Der Streit zwischen diesen drei – Ndlambe, Hintsa und Ngquika – schwächte die Xhosa.

Dazu kam das tragische Ereignis des Jahres 1856. Eine Seherin prophezeite, daß an einem bestimmten Tag die Weißen ins Meer getrieben würden, wenn alle Xhosa ihr Vieh schlachten und kein Korn säen würden. Nicht alle Xhosa befolgten den Befehl des Xhosahäuptlings Sarili, Nachkomme von Hintsa. Tausende jedoch taten, was ihnen geraten worden war. An diesem Tag begann das große Sterben der Xhosa. Sie besaßen nun kein Vieh und keine Ernte mehr. Tausende flüchteten in die Kapkolonie und suchten Arbeit und Nahrung, Tausende kamen um.

Als die Familien im folgenden Jahr in ihr Gebiet zurückzogen, war es von Buren besiedelt. Es blieb ihnen nichts anderes übrig, als sich auf den neuen Farmen zu verdingen.

Trotzdem gingen die Auseinandersetzungen weiter. Der letzte „Frontierkrieg" fand im letzten Viertel des 19. Jahrhunderts statt. Jeder Krieg bedeutete Verlust von Land, sodaß heute nur die Gebiete „Ciskei" und „Transkei" sogenannte Heimatländer – den Xhosa blieben.

Den Zulu in Natal ging es kaum besser. Im Jahr 1856 lebten etwa 150.000 Afrikaner in Natal zusammen mit etwa 8.000 Weißen, die fast alle Briten waren. Für die Natal-Afrikapolitik zwischen 1845 und 1875 trug vor allem Theophilus Shepstone die Verantwortung. Er gründete mehrere Reservate, die bis Ende der 60er Jahre des 19. Jahrhunderts etwa ein Viertel von Natal umfaßten und Wohnsitz von 80.000 Afrikanern waren. Auf den weißen Farmen und auf dem Land, das von der Krone beansprucht wurde, lebten weitere 50.000 Zulu. Shepstone wollte in jedem Reservat landwirtschaftliche und technische Schulen gründen, aber dieser Plan, war zu kostspielig. 1856 wurde Natal Kronkolonie mit einem Legislativen Rat, nach britischem Recht. Trotzdem unterschied sich die Verwaltung in Natal von der am Kap. Die Regierung von Natal war paternalistisch und rassendiskriminierend mit unterschiedlichem Recht für Weiße und Afrikaner, also nicht sehr viel anders als die der Burenrepubliken.

1873 folgte Cetshwayo seinem Vater Mpande als König der Zulu. Ein starker Führer, widersetzte er sich doch der Forderung des Kapgouverneurs Sir Bartle Freres, daß die Zulu ihre Waffen abgeben sollten. Er war sich sehr wohl bewußt, daß die Auflösung seiner Armee das Ende der Macht der Zulu und der eigenen Unabhängigkeit bedeutete. 1879 besiegte er die britischen Truppen bei Isandhlwana. 3.000 Zulu fielen, aber auch 800 Weiße und 500 Afrikaner. Der König starb 1884 – nach Konflikten mit einigen seiner Untertanen. Sein Sohn Dinuzulu besiegte mit Hilfe verbündeter Buren seine Feinde, aber die „Verbündeten" forderten sofort viel mehr Land, als ihnen versprochen worden war und gründeten mit Hilfe der Briten die neue Republik in Vryheid. Kurz darauf annektierten die Briten den Rest von Zululand.

Die Briten halfen den Buren auch in ihrem Krieg gegen den Pedi-Häuptling Sekhukhune im Transvaal, kurz nachdem der Zulukrieg – der letzte der Kriege in Natal – beendet war. Es blieben danach wenige unabhängige Häuptlinge übrig. Frere führte 1879 gegen die Sotho den sogenannten Gewehrkrieg, den die Briten aber verloren. 1884 wurde Basutoland Kronkolonie. Obwohl die Sotho sich so die politische Unabhängigkeit teilweise erhalten konnten, wurden sie dennoch immer tiefer in die Wirtschaftsstrukturen der Weißen eingebunden.

Die Briten verloren noch einen weiteren Krieg, den ersten gegen die Buren im Transvaal im Jahr 1880. Die Buren beschwerten sich, daß ihnen die versprochene Selbstregierung, die 1852 beschlossen wurde, noch immer nicht zugestanden worden war. Paul Kruger war Präsident der Transvaal-Buren geworden. Er haßte die Briten, und nachdem eine burische Delegation mit leeren Händen aus London zurückgekommen war, erklärte er den Briten den Krieg. Die britischen Truppen wurden in den Drakensbergen mehrere Male geschlagen. 1881 wurde dann ein Abkommen getroffen, nachdem die Buren sich selbst regieren durften, ihre Außenpolitik aber von Großbritannien bestimmt werden sollte. Das Abkommen wurde 1884 ratifiziert. Ein Jahr später wurde Nordbetschuanaland Kronkolonie (heute Botswana). Dieses Abkommen beendete einen Versuch, den mehrere Gouverneure gemacht hatten, die verschiedenen Gruppen und Regierungen unter britischer Führung zusammenzuschließen. Moshoeshoe hatte sich und sein Volk als „Flöhe auf der Decke der britischen Königin" beschrieben. Es gab eben zu viele „Flöhe" in diesem Gebiet, die alle in verschiedene Richtungen hüpften und schwer zu kontrollieren waren. Der letzte der Widerstandskämpfe Schwarzer gegen Buren, der offen und mit traditionellen Mitteln ausgetragen wurde, war der Bamangwato-Aufstand in Transvaal 1906. Er war ein letzter Versuch einer Gruppe von Häuptlingen, ihr Land zu bewahren. Danach führten die Afrikaner ihre Kämpfe politisch, also mit den Mitteln der Weißen (!). Zu dem Zeitpunkt, als sich die Afrikaner dem europäischen Wesen öffneten –, schloß sich die Mehrheit der Buren völlig gegen sie ab.

Dazu kam eine neue, entscheidende Komplikation – die Entdeckung der Bodenschätze.

Die Entdeckung von Bodenschätzen

„Eureka" heißt ein 21.5 karätiger Diamant. Dieser Stein war es, der als „hübscher Kiesel" von einem kleinen Jungen im Jahr 1866 am Vaal aufgehoben und nach Hause getragen worden war. Man stellte dann fest, daß es ein Diamant war. Im März 1869 fand man den zweiten Diamanten im selben Gebiet, der im Besitz eines traditionellen Khoi-Khoinheilers war. Dieser Stein, der „Stern von Südafrika", wurde dem Parlament in Kapstadt mit den Worten vorgestellt: „Dies ist ein Stein, auf dem Südafrika gegründet wird."

Prophetische Worte. Der „Stein von Südafrika" setzte einen Diamantenrausch in Gang, der Tausende von Menschen aus aller Welt an den Vaal brachte. 1870 lebten etwa 10.000 Diamantengräber und -händler in der Stadt, die nach Lord Kimberley, dem damaligen britischen Kolonialminister, benannt wurde.

Auf der Farm, die man den Brüdern de Beers für 6.000 Pfund Sterling abgekauft hatte (sie hatten diese zehn Jahre vorher für £50 von der Regierung erworben), gruben sie zusammen das größte Loch der Welt. Die unzähligen kleinen Diamantenfelder waren sich gegenseitig im Weg, Grenzsteine stürzten um und Wände fielen zusammen. Man konnte nicht immer sicher sein, wessen Eimer über welcher Grube schwebte – und das Durcheinander im „großen Loch" war dem auf dem Weltmarkt nicht unähnlich. Bis Kimberley hatte es zu wenig Diamanten gegeben. Plötzlich gab es sie im Überfluß.

Die erste Frage, die geklärt werden mußte, war die, wem eigentlich das Diamantengebiet gehörte. Der Orangefreistaat erhob Anspruch, doch auch die Griquafamilien bestanden darauf, daß dies ihr Land sei, denn genau an diesen Stellen, wo nun gegraben wurde, hatten die Griquas ihre Herden geweidet. Die Briten besannen sich auf ihre Verordnung, daß dort, wo Kapbürger lebten, britisches Gesetz gelte.

Am Ende siegten die Briten, obwohl sie später der Burenrepublik eine Entschädigung von 90.000 Pfund zahlten. Das Diamantengebiet wurde die Kronkolonie Griqualand West. Man hoffte, daß die Kapverwaltung die Verantwortung übernehmen würde. Die zweite Frage, wie die Vermarktung erfolgen sollte, wurde, wie auch in anderen Bergwerksindustrien, marktwirtschaftlich gelöst. Mehrere Magnaten beschäftigten sich damit, die unterschiedlich großen Grubenanteile zu Einheiten zusammenzufassen, die einen

BUYERS
FEINBERG & GOLDBERG
LICENSED

geordneten Abbau möglich machten. Einer war Sieger – Cecil John Rhodes, Sohn eines anglikanischen Pfarrers. Er war als 17jähriger in das Diamantenland gekommen, um sich von einer angeblich unheilbaren Krankheit zu erholen. Er erholte sich so gut, daß er es nicht nur zum Diamanten-, sondern auch zum Goldkönig brachte und zwischendurch noch Premierminister des Kaps wurde – abgesehen davon, daß sich sein politischer Ehrgeiz, den gesamten afrikanischen Erdteil unter britischen Einfluß zu bringen, zum Teil erfüllte. Rhodes gründete De Beers Consolidated, eine Gesellschaft, die noch heute ihren Sitz in London hat und die Kontrolle über den Weltdiamantenhandel ausübt. Mit Hilfe seines Partners, des aus Hamburg stammende Finanzgenies Alfred Beit, war Rhodes auch einer der Gründer der südafrikanischen Goldindustrie, die noch heute den Weltmarkt beherrscht.

Rhodes, der in Oxford studiert hatte, 1870 Mitglied des Kap-Parlaments und zehn Jahre später Premierminister der Kapkolonie wurde, verhehlte nicht seine imperialistischen Absichten, den ganzen afrikanischen Kontinent britisch zu machen. Er wollte eine Kap-Kairo-Eisenbahn bauen und war verärgert, daß ausgerechnet in der Burenrepublik Transvaal Gold gefunden wurde. Er bekannte sich außerdem offen dazu, die Burenregierung ersetzen zu wollen.

1886 wurde Gold im Granit jener Gegend gefunden, die den Namen Witwatersrand trug und etwa 45 km südlich von Pretoria, der heutigen Hauptstadt der Südafrikanischen Republik lag. Obwohl die Entdeckung für die Burenrepublik bedeutete, daß sie vor dem Bankrott gerettet war, erfreute sie nicht das Herz des Präsidenten, Paul („Ohm“) Kruger. Bei ihm war es nicht leicht, mit Geld Einfluß auszuüben. Hier hatte Cecil Rhodes es mit einem Mann zu tun, der zwar ein strenger Kalvinist mit beschränktem Horizont war, und der von der christlichen Aufgabe der Buren überzeugt, der jedoch in der Welt Aufsehen erregte und sich selbst beim Hof des deutschen Kaisers Ansehen verschaffen konnte. Paul Kruger, 1825 am Kap geboren, hatte den Großen Trek als Zehnjähriger mitgemacht, hatte gegen Afrikaner gekämpft und war nicht bereit, seine Unabhängigkeit aufzugeben. Ihm waren alle Briten verhaßt, besonders aber Cecil Rhodes.

Rhodes, der 1902 als Junggeselle starb und dessen Erbe noch heute in Form von Stipendien jungen Menschen in verschiedenen ehemaligen britischen Kolonien zugute kommt, konnte unmöglich einen Mann wie Paul Kruger verstehen. Es war ihm schon schwer genug gewesen, sich mit Männern wie Barney Barnato, einem der Diamantenmagnaten in Kimberley zu verständigen. Erst nach einem harten Kampf war es Rhodes gelungen, auch die Diamantenanteile von Barnato für die Gründung der De Beers Consolidated Gesellschaft zu bekommen.

Rhodes und Kruger bestimmten die letzten Jahrzehnte des 19. Jahrhunderts im südlichen Afrika. Kruger hatte nun genug Mittel zur Verfügung, um

seinen Staat zur größten Militärmacht der Region auszubauen. Zunächst bedeutete das, daß er endlich die noch immer eigensinnigen Venda und Pedi entwaffnen konnte. Dann konnte er Rhodes die Stirn bieten. Rhodes machte einen entscheidenden Fehler, indem er die Unzufriedenheit der Goldgräber überschätzte. Wie in Kimberley, so war es auch am Witwatersrand: Tausende kamen in die Goldstadt geströmt, um ihr Glück zu machen. In Kimberley war es der britischen Regierung gelungen, Frieden zu stiften, indem sie die Verwaltung Rhodes überließ. In Johannesburg, der Stadt des Goldes, war es komplizierter. Hier hatte der Bure Kruger das Sagen, und dieser haßte alle Ausländer („uitlander"), denen er soviel Steuern wie möglich abverlangte, ihnen aber keine Bürgerrechte verlieh. Kruger wollte sich mit den Deutschen alliieren, die inzwischen zur größten Gefahr für Großbritannien, vor allem in Europa geworden waren. 1884, also zwei Jahre vor der Entdekkung des Goldes am Witwatersrand, hatten die Deutschen ihre erste Kolonie gegründet, und zwar jenseits der Nordgrenze der Kapkolonie, am Atlantischen Ozean, das heutige Namibia.

Zu ihrem Entsetzen stellten die Kapbürger und die Regierung in London fest, daß die Briten lediglich ein Recht auf Walvisbay hatten, nicht aber auf das gesamte Deutsch-Südwest. Kruger, der einen Ausweg suchte, um von Britannien unabhängig zu werden, kam das sehr gelegen. Die Deutschen könnten ihm helfen, von Johannesburg zur Delagoa-Bucht am Indischen Ozean zur heutigen Hauptstadt Mosambiks – Maputo – eine Eisenbahn zu bauen. Das geschah auch. Und im Falle eines Krieges konnten sie ihn gegen die Briten unterstützen.

Rhodes, der inzwischen die imperialistische „British South Africa Company" gegründet hatte und durch diese versuchte, die Gebiete jenseits des Limpopo und Sambesi zu kolonisieren – was ihm auch gelang, obwohl heißersehnte Bodenschätze dort nicht gefunden wurden – tat sein Bestes, in der Goldstadt Johannesburg einen Aufstand zu inszenieren. Die „uitlanders" waren zwar auf Krugers Steuerpolitik und seine veralteten Ideen schlecht zu sprechen, haßten auch die Monopole, die der Präsident an auserwählte Geschäftsleute vergeben hatte – wie etwa das für Sprengstoff –, aber am Ende wurde nichts aus der Verschwörung. Die Putschisten vertagten die Machtübernahme. Dr. Leander Starr Jameson sollte nach dem Putsch aus Betschuanaland mit 500 Reitern aufbrechen und seinem Freund und Verbündeten in Johannesburg die Macht sichern helfen. Ungeduldig konnte er nicht abwarten und wurde, als er in Transvaal einrückte, von den Buren verhaftet.

Kaiser Wilhelm II. gratulierte Kruger telegraphisch nach dem mißlungenen Jameson-Raid und erwähnte dabei die „Hilfe befreundeter Mächte". Das bestärkte die Briten darin, daß ihnen eine burisch-deutsche Allianz dro-

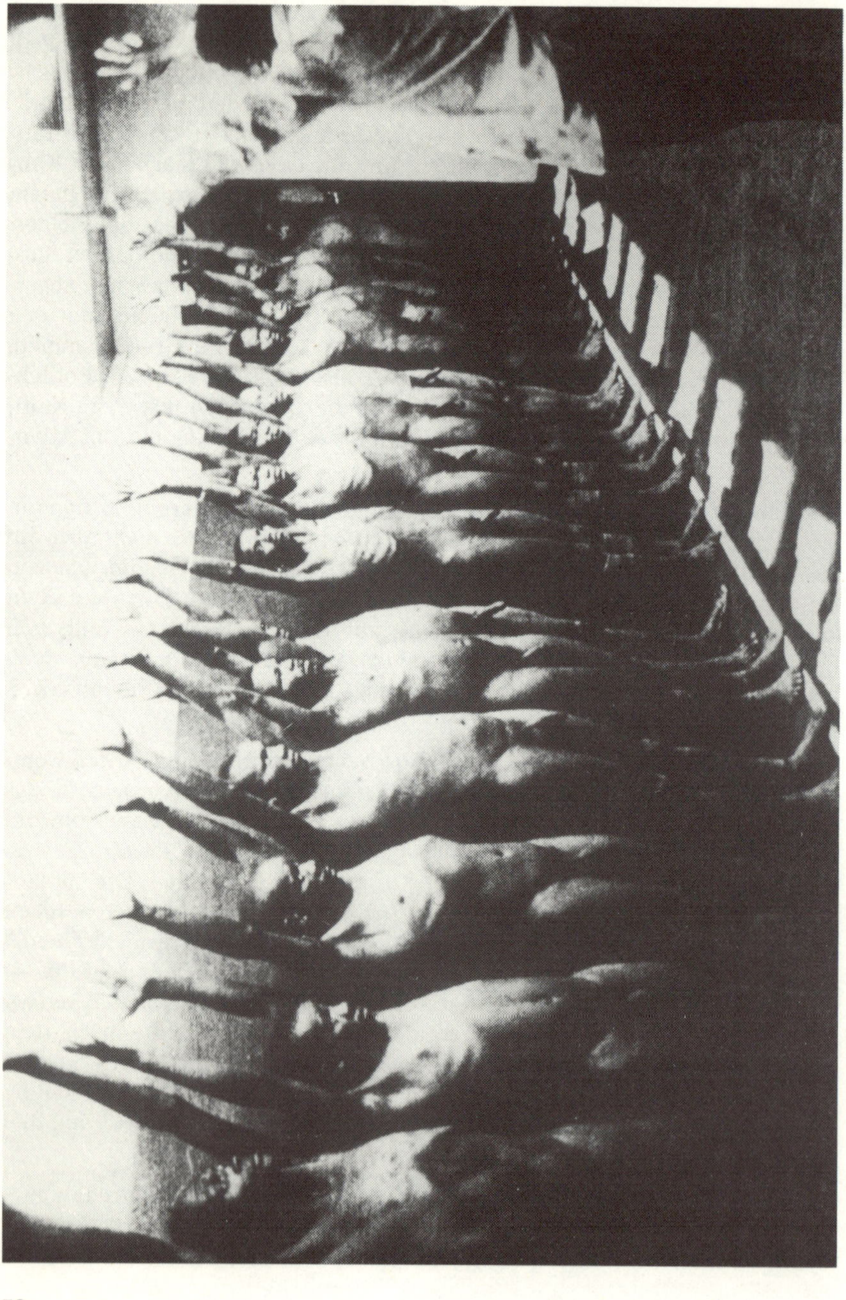

he. Die Buren erwarteten nun erst recht deutsche Hilfe, wenn sie diese einmal benötigen sollten.

Der fehlgeschlagene Jameson-Raid des Jahres 1895 kostete Rhodes seine politische Karriere. In seinen Kolonien, Süd- und Nordrhodesien, heute Simbabwe und Sambia, hatte Rhodes mehr Glück gehabt. Dort war es ihm gelungen, die einheimischen Völker durch Kriege zu „befrieden". Seine Gesellschaft herrschte in beiden Kolonien bis zum Jahr 1922.

Der Jameson-Raid war keineswegs nur eine Privataktion Rhodes'; das britische Kolonialministerium hatte dem wohlwollend zugesehen. Trotz der britischen Niederlage im Transvaal und eines ersten Anglo-Buren-Krieges, den die Briten ebenfalls verloren, ließen sie nicht von der Überzeugung ab, daß die Südafrikanische Republik britisch werden müßte; hier stand zu viel für Großbritannien auf dem Spiel. Der junge Goldbergbau mußte geschützt werden. Es waren große Investitionen in die Entwicklung der Bergwerke gesteckt worden, denn die Goldminen benötigten komplizierte Technologie. Britisches, französisches, auch deutsches Kapital war investiert worden. Es schien unmöglich, daß ein altmodischer, anti-kapitalistischer Politiker die Goldquelle kontrollierte.

So brach ein zweiter Anglo-Burenkrieg aus, der „Burenkrieg" deutscher Geschichtsbücher. Die Buren kämpften lange und erfolgreich, benutzten ihre altbewährten Strategien als Kommandokämpfer — sie kannten das Gelände; die britischen Soldaten mit ihren roten Röcken waren wahre Zielscheiben — aber am Ende siegte doch die Großmacht aufgrund ihrer Übermacht und ihrer erbarmungslosen Taktiken von „verbrannter Erde" und Konzentrationslagern für Frauen und Kinder. Die Buren verloren die Unabhängigkeit ihrer Republiken, setzten aber einen Friedensvertrag durch, in dem die Briten aufgaben, wofür sie über 100 Jahre lang gestritten hatten: die Gleichberechtigung aller Weißen und Nicht-Weißen.

1902 endete der letzte der imperialistischen „gentleman"-Kriege, aber damit keineswegs die Auseinandersetzung zwischen Buren und Briten.

Die Ausbeutung der Bodenschätze bedeutete für die Afrikaner fast das Todesurteil. Die Bergwerksunternehmer hatten bereits in den Diamantminen die Arbeitsteilung „schwarzer Handlanger — weißer Aufseher" eingeführt. In den Goldbergwerken herrschte stets Bedarf an billigen Arbeitskräften. Nach dem Burenkrieg einigten sich die Unternehmer, einen niedrigen Einheitslohn zu zahlen und sich keine Konkurrenz auf dem Arbeitsmarkt mehr zu machen, ferner, gemeinsam ein Rekrutierungsbüro zu eröffnen und auch in Nachbarländern Arbeiter gemeinsam anzuwerben, und schließlich die Regierung zu veranlassen, eine Hüttensteuer einzuführen und die Paßgesetze zu verschärfen.

Diese Beschlüsse führten zum Wandersystem afrikanischer Arbeiter, die ohne Familie praktisch wie Gefangene auf dem Bergwerksgelände leben

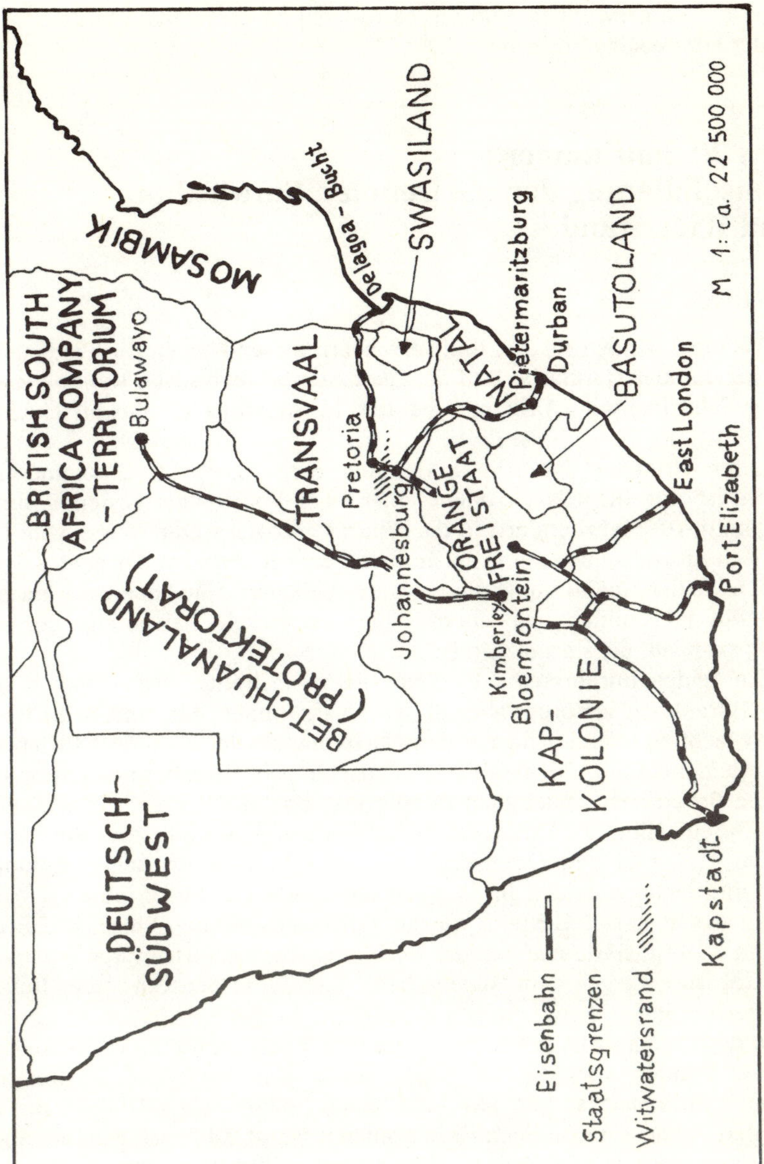

Das südliche Afrika 1897

mußten und gezwungen wurden, bares Geld zu verdienen, um die Hüttensteuer bezahlen zu können.

Das 20. Jahrhundert: Konsolidierung der „Getrennten Entwicklung" und Widerstand

Die Buren

„Afrikaner" nennen sie sich und verweigern diesen Namen doch jedem Mitbürger dunkler Hautfarbe. Auf dem gesamten afrikanischen Kontinent wird jeder Schwarze mit „Afrikaner" betitelt. In Südafrika gilt das als Hochverrat.

„Wahrer Afrikaner" kann ihrer Meinung nur sein, wer Nachkomme eines Buren ist, vor allem Nachkomme einer jener Voortrekker-Gruppen, die zu Beginn des 19. Jahrhunderts in die Wildnis gezogen waren — weg vom Kap, wo sich Liberalismus breit gemacht hatte. Sechzig Prozent der etwa 4.5 Millionen weißen Südafrikaner sind „wahre Afrikaner". Sie haben sich im Laufe eines Jahrhunderts zu einem „Volk" entwickelt, haben eine Identität gewonnen, auf die sie stolz sind.

Die beiden Burenrepubliken Transvaal und Orangefreistaat haben zwar den Burenkrieg verloren, aber Südafrika gewonnen. Sie sind nicht bereit, ihre Macht zu teilen, nicht mit den Nachkommen der verhaßten Briten und vor allem nicht mit „Nicht-Weißen", „Mischlingen", Indern und Schwarzen.

Die Briten haben nach dem Burenkrieg von 1902 Wiedergutmachung an den Buren geübt. Die Union von Südafrika wurde aus den zwei Burenrepubliken Transvaal und Orangefreistaat und den zwei Britischen Kolonien, Kap und Natal, gebildet. Im Wappen der Union von Südafrika steht: „Eintracht macht stark". Gemeint war die Eintracht zwischen Buren und Briten — den „Bantu" hatte man bei der Rechnung sowieso ausgelassen —, aber in der Tat ist, entgegen dem Augenschein, auch unter den Buren der Ruf zur Eintracht nötig.

In der Karikatur ist der Bure ein Mann mit Schlapphut an der Seite einer dicken Frau in altmodischer Tracht mit langem Rock und Kaphut. Der „wahre Afrikaner" spricht afrikaans, jenen holländischen Dialekt, der zur zweiten Landessprache Südafrikas avanciert ist, ist Kalvinist, geht am Sonntag regelmäßig in die Kirche, ebenso regelmäßig zum „nagmaal" in das nächste Dorf oder Stadt, Großfarmer und Rassist mit engem Horizont. Für ihn bleibt ein Schwarzer ein „Kaffer", auch wenn er ihn heute „Schwarzer" oder „Bantu" nennt.

Zum Teil stimmt die Karikatur noch, doch eine geschlossene Afrikanergruppe hat es nie gegeben und gibt es auch heute nicht. Freilich haben sich der „Volkswille“ und „het Volk“ (ndld.) in den langen Jahren der Auseinandersetzung mit überheblichen Briten und einer verständnislosen Außenwelt herausgebildet.

Trotzdem hat es stets unterschiedliche Gruppen und Meinungen unter den Buren gegeben. Es gibt sie heute noch.

Die Kapbürger, die in Kapstadt Angestellte der Gesellschaft oder Händler waren, hatten mit den Trekburen wenig gemeinsam. Martin Melck in seinem Stadthaus hätte einen Trekburen, der nachts, in eine Felldecke gehüllt im Busch am Feuer schlief, kaum verstanden.

Die Schafbauern des Orangefreistaats waren wirtschaftlich an das Kap gebunden, die frei umherstreifenden Viehbauern des Transvaal weniger. In den Frontiergesellschaften, in den Kleindörfern und auf den Großfarmen war der Lebensstil ähnlich. Frauen waren zwar Gottes Geschöpfe, aber der Mann war Herr. Trafen sich junge Leute zum Tanz nach dem „nagmaal“, so achteten die alten Frauen darauf, das nichts „passierte“. War ein junger Mann an einer jungen Frau interessiert, so besuchte er sie, fuhr mit seinem Ochsengespann vor das Farmhaus, blieb zu Kaffee und Kuchen, manchmal auch zum Essen, und durfte dann im Wohnzimmer „opsit“ – bei einer Kerze. Wenn diese abgebrannt war, durfte auch nicht mehr geküßt werden.

Jede kleine Gesellschaft ist engstirnig. Die Buren machten keine Ausnahme. Sie, wie andere Frontiergemeinden, zimmerten sich ihr eigenes Weltbild, unbeirrt von neuen Ideen oder Bücherweisheiten. Die Rolle des „Nicht-Weißen“ war genau so klar wie die des „dominee“, des Pfarrers. Die „Kaffern“ gehörten zur Familie, aber, wie der Brite gesagt hätte, „unterhalb des Salzes“. In hochherrschaftlichen englischen Familien saßen die geringeren Familienmitglieder am untersten Ende des Tisches, fern von der Mitte, wo das Salz stand. In Burenfamilien saßen die „Kaffern“ nicht am Tisch. Sie durften jedoch am Sonntag hinten knien, wenn der Familienvater oben auf der Veranda – der „stoep“ – seine Predigt hielt.

Volkstänze, Volkslieder und Voortrekkertrachten gehören zum Mythos der Afrikaner, genau wie der „dominee“ (Pfarrer) und der Glaube, daß Gott Menschen verschiedener Rassen geschaffen hat und, hätte er es anders gewollt, es nur „Mischlinge“ geben würde. Es ist deshalb Pflicht, die weiße Hautfarbe von „die volk“ zu erhalten.

Die Kapburen mit ihrem größeren Wohlstand und ihrem engeren Kontakt zur Außenwelt waren stets „liberaler“. Sie hatten die Burenrepubliken während des Burenkrieges auch nicht militärisch unterstützt.

Der eine oder andere hatte sicher seinen Kriegsgewinn gemacht, so wie es in jedem Krieg nun einmal der Fall ist. Nach dem Krieg haben die Briten eine Zeitlang versucht, Afrikaans durch Englisch zu ersetzen, was sie nicht durchsetzen konnten und lediglich zum Afrikaansmythos und Britenhaß beitrug. Die Kapburen hatten ihre ärmeren Brüder nicht vergessen. Nach dem Burenkrieg war es klar, daß die Großgrundbesitzer und die Bergwerksaktionäre, die Manager und die Geschäftsleute die Macht im ganzen Land besaßen. Die Schwarzen und die landlosen Buren waren endgültig enteignet. Im Jahr 1913 wurde das berüchtigte Landgesetz erlassen, daß den Schwarzen die „Reservate", später „Heimatgebiete" genannt, zuwies und verbot, daß landlose Kleinbauern auf Großfarmen leben durften. Für Schwarze und landlose Buren bedeutete das, daß sie nicht mehr wie bisher als „bijwoner" (Pachtfarmer) auf Großfarmen leben und arbeiten und die Pacht durch Arbeit und Abgabe eines Teils ihrer Ernte bezahlen konnten. Für beide Gruppen war das ein schwerer Schlag. Dazu kam, daß der Burenkrieg viele Transvaalfarmen zerstört hatte und daß Buren ihre Viehherden und ihr Gerät verloren hatten. Eine „arme weiße" Klasse bildete sich und wurde zum sozialen Problem. Die reicheren Afrikaner gründeten eine Hilfsorganisation und eine Versicherungsgesellschaft, die zu einem eigenen Burengeschäftsunternehmen wurde. Der Staat sorgte dafür, daß arme Weiße gesicherte Stellen als untergordnete Staatsbeamte erhielten. Außerdem fanden Buren Arbeit in den Goldminen.

Der Konkurrenzkampf zwischen Schwarzen und Afrikanern fand vor allem in den Bergwerken und in den Fabriken statt. Der englischsprachige Bürger hatte eine bessere Ausbildung genossen, hatte mehr von der Familie geerbt. Er fürchtete keine Konkurrenz von Seiten einer anderen Rasse. Der verarmte Bure war verunsichert. Existenzangst hat oft zu Unmäßigkeiten geführt – auch bei den Buren. Das ist keineswegs eine Entschuldigung und auch keine vollständige Erklärung, aber es ist ein Grund, der berücksichtigt werden muß bei einer Beurteilung des Rassenwahns in Südafrika.

Einige Afrikanerextremisten gründeten den „Broederbond". Diese Geheimorganisation mit großem politischem Eifer wollte sich an den Briten rächen, wollte „die volk" weiß halten und die Regierung des Landes übernehmen. Die „broeder" waren bei all ihren Zielsetzungen erstaunlich erfolgreich. Wie Maulwürfe arbeiteten sie jahrzehntelang, setzten „broeder" in Schlüsselpositionen – in der Kirche, im Schul- und Staatswesen und in den politischen Parteien der Afrikaaner ein. Als selbst zum Erstaunen der Führer die Nationale Partei im Jahr 1948 die Wahl gewann, waren die „broeder" in Stellung. Nicht die Führer der Nationalen Partei, sondern die Mitglieder des geheimen „Broederbonds" waren in den 50er Jahren federführend und sicherten die Apartheid mit ihrer Gesetzgebung ab.

Bei aller Konfrontation gibt es dennoch immer wieder Berühungspunkte.

Oft ist die erste Sprache eines Burenkindes Xhosa oder Zulu gewesen; so ist es auch heute noch wie damals auf dem Trek. Schwarze Frauen umsorgten die Kleinkinder, schwarze Jungen spielten mit den heranwachsenden

Knaben auf dem Feld; sie suchten zusammen Vogeleier und wilden Honig, jagten Springböcke – wenn es sie noch auf den Farmen gab – schwammen im selben Stausee, verjagten die Quela Quela-Vögel von den Maisfeldern der Eltern. Erst wenn der Schwarze in die Riten seiner traditionellen Gesellschaft eingeführt und der Weiße in ein Internat geschickt wurde, änderte sich das intime Verhältnis.

Heute ist die traditionelle Gesellschaft fast völlig zerstört. Der Stadtjunge aus Soweto jedoch möchte denselben Lebensstil wie der weiße Junge der weißen Vorstädte – beiden tragen die gleichen Jeans und hören die gleiche Musik. Es ist kein Zufall, daß es Studenten der elitären Afrikaaneruniversität von Stellenbosch waren, die versuchten, sich mit der Jugendgruppe des African National Congress in Lusaka im August 1985 zu treffen, und nicht die englischsprachigen Studenten der liberaleren Universitäten, die ja sowieso oft gegen die Apartheid demonstrieren. Die Afrikaaner haben eine größere persönliche Nähe zu den Schwarzen, die „Engländer" mehr intellektuelle Distanz.

Sicher, die Gesellschaft der Afrikaaner ist eine geschlossene Gruppe. Trotzdem darf man nicht an die unverbrüchliche Eintracht glauben, die nach Premierminister John Vorster noch heute besteht. Es ist kein Zufall, daß die „verligte", die Aufgeklärten, im politischen Sinne Gemäßigten, fast alle Kapafrikaaner sind und die „verkrampte" der heute nationalistische, faschistische Kern aus dem Norden stammt. Es gab Afrikaaner wie Vorster oder den Brigadeführer Hans van Rensburg, die Generäle in der nazitreuen Organisation der Ossewabrandwag (Ochsenwagenbrandwache) waren und die Deutschen gegen die Briten unterstützten, obwohl Südafrika Verbündeter von Großbritannien war. Es gab aber auch andere Afrikaaner, wie die ehemaligen Burengeneräle Louis Botha, James Barry Munnik Hertzog und Jan Christiaan Smuts, die alle nach dem Burenkrieg Premierminister der Union geworden sind und das neue Staatsgebilde zusammen mit den englischsprachigen Mitbürgern unterstützten. Es war Smuts, der den Deutschen den Krieg erklärt hatte – wobei er auf Widerstand bei Hertzog stieß.

Ossewabrandwagmitglieder sabotierten die Regierung während des Krieges, verhalfen deutschen U-Booten zur Landung an der namibischen Küste und lieferten sich Kämpfe mit südafrikanischen Truppen. Einige kamen in Konzentrationslager – wie Vorster, der damals schrieb „...in Italien nennt man es Faschismus, in Deutschland Nationalsozialismus, wir nennen es den Christlichen Nationalismus." Andere Afrikaaner starben im Kampf gegen den Faschismus in Nordafrika und Italien. Nach dem Zweiten Weltkrieg wurden General Smuts und seine gemäßigte nationalistische Partei, die von Buren und Briten unterstützt worden war, von der „reinen" Nationalen Partei des Dr. François Malan abgelöst. In dessen Kabinett, wie auch in denen seiner Nachfolger, regierte der „Broederbond". Malan hatte „apartheid" zur

Parole im Wahlkampf gemacht; in den 50er Jahren versuchte der ehemalige Psychologieprofessor Hendrik Verwoerd, der in Heidelberg studiert hatte, die Apartheid territorial durch Bildung kleiner schwarzer „Heimatgebiete“ (homelands) zu erzwingen.

Es gab aber nicht nur Buren wie Verwoerd, die fest glaubten, daß man Schwarzen keine Ausbildung angedeihen lassen sollte, die sie auf die Idee bringen könne, andere Arbeiten als die eines Dieners auszuüben. Gott hatte einst nach zehn gerechten Männern (in Sodom) gefragt: in Südafrika hat es sie auch unter den Buren gegeben, es gibt sie heute noch. Es fanden sich nicht nur erzkonservative Führer wie Dr. Andries Treurnicht, sondern es gab auch Kommunisten wie den Rechtsanwalt Abram Fisher, Sproß einer elitären Orangefreistaatfamilie, der für seine Opposition gegen die Apartheid im Gefängnis starb. Es gibt Gewerkschaftsführer, wie den Leiter der weißen Minenarbeitergewerkschaft, der behauptet, es gäbe keine schwarzen Bergarbeiter, nur schwarze Handlanger, sondern auch Buren wie Bettie du Toit, die heute erblindet ist und ihr ganzes Leben für die Rechte der schwarzen Arbeiter innerhalb der Gewerkschaftsbewegung tätig war.

Es gibt nicht nur Theologen, die, wie es in den 60er Jahren geschah, einen ihrer Gruppe, Dr. Geyser, der Häresie anklagten, weil er behauptete, in der Bibel gäbe es keine Beweise, daß Apartheid gottgegeben sei, sondern auch Theologen, wie den bewundernswerten Dr. Christiaan Beyers Naudé, der für seinen Widerstand gegen die Apartheid jahrelang unter Bann gestanden und viel erlitten hat. Es gibt nicht nur Journalisten, die täglich ihren Haß gegen die „Liberalen“ verkünden, sondern auch burische Journalisten, wie Breyten Breytenbach oder André Brink, die sich mit ihren großartigen Gedichten und Büchern selbst an den Pranger stellen und ihrer Wut und Empörung gegen alles Ausdruck verleihen, was in ihrem Namen und für ihr „volk“ von irregeleiteten Politikern getan wird.

Heute bestehen die alten, starren Grenzen zwischen Buren und Briten nicht mehr. Fast vierzig Jahre sitzt die Nationale Partei der Buren in der Regierung. Inzwischen gibt es Extremisten unter den Afrikaanern, die die Regierung verurteilen, weil sie die „wahren Afrikaaner“ an die „liberalen“ Ideen der Außenwelt verkauft habe. Die Klassenunterschiede haben sich verschärft. Es gibt heute nicht nur Pfarrer, Lehrer, Farmer, Bergwerksarbeiter, die zum „volk“ gehören, sondern neben Großbauern auch Manager, Aktionäre großer Multis, Ärzte, Rechtsanwälte, Ingenieure, die „wahre Afrikaaner“ sind. Die alten Grenzen stimmen nicht mehr, ebensowenig wie die einst harmonischen Klänge der „volksliedjies“.

Das bedeutet jedoch nicht, daß man die Macht des Apartheidsstaates, den die Buren in ihrem Haß gegen die Briten und aus Angst um die eigene Identität und das Überleben geschaffen haben, unterschätzen darf.

Der Apartheidsstaat stirbt. Doch in seinen Todesschmerzen hat bereits manch ein Ungeheuer um sich geschlagen, hat andere mit ins Unglück gerissen, oder, wie Samson, den Feind mit seiner letzten Kraft mit sich in den Tod gezerrt.

Parteipolitisch sind die Buren aufs Engste mit der Nationalen Partei (Nasionale Party, NP) verbunden. Gründer der Partei war der Burengeneral John Barry Munnik Hertzog. Hertzog bildete eine Koalition mit der Südafrika Partei (South African Party) des Burengenerals Jan Christiaan Smuts. Smuts und seine „SAP“ wurden von vielen Buren als Verräter angesehen, weil Smuts bereit war, mit den Briten zusammenzuarbeiten. Trotz der Koalition – oder gerade ihretwegen – gewann die NP-SAP die Wahlen im Jahr 1933. Die Koalition bildete die „United Party“. Das bereitete für Dr. François Malan 1934 den Weg, eine „gesäuberte“ Nationale Partei zu gründen, und es war diese Partei, die nach dem 2. Weltkrieg im Jahr 1948 die Vereinte Partei (United Party) des Generals Smuts besiegte. Malan war der erste Nationale-Partei-Premier bis zu seinem Rücktritt im Jahre 1954. An seine Stelle trat der „Löwe des Nordens“, J.G.C. Strydom, der starke Mann der Partei; er war rechts-konservativ. Strydom starb vier Jahre später. Sein Nachfolger war Dr. Hendrik Verwoerd, der die Apartheidsstrukturen verschärfte und vor allem mit Hilfe des deutschstämmigen Anthropologen Dr. Werner Eiselen die territoriale Apartheid der Heimatgebiete einführte. Eisele war der Cheftheoretiker der Apartheid: Den Afrikanern wurden Grundbesitz und politische Rechte nur in den Reservaten zugestanden. Im weißen Siedlungsgebiet sollten sie nur als Arbeitskräfte geduldet werden. Verwoerds „reine“ Apartheid wird noch immer von rechtsextremen Elementen innerhalb der afrikaanssprachigen Gesellschaft als das Ideal angesehen.

Verwoerd wurde im Jahr 1960 nach dem Sharpeville-Massaker schwer angegriffen; er überlebte, bestärkt im Glauben, daß er einen von Gott gegebenen Auftrag habe – die Rassenreinheit der weißen Südafrikaner zu erhalten. 1966 fiel Verwoerd im Parlament einem Attentat eines Wahnsinnigen, eines griechischen Boten, zum Opfer. Sein Nachfolger war Balthazar Johannes (John) Vorster, der während der 30er und 40er Jahre Anhänger von Hitler und Mitglied einer Sabotagegruppe in Südafrika gewesen und deswegen inhaftiert worden war. Vorster war Pragmatiker. Er konzentrierte sich darauf, Südafrikas Politik unter Einsatz von enormen Mitteln durch Propaganda zu verkaufen. Das führte zum „Mulder-Gate-Skandal“ von 1977/78 in den Vorster, sein Geheimdienstchef sowie der Informationsminister Connie Mulder verwickelt waren. Vorster mußte seinen Posten als Staatspräsident aufgeben, und Mulder trat aus der Nationalen Partei aus. Nachfolger wurde der Kapnationalist Pieter Willem Botha, der in Vorsters Kabinett Verteidigungsminister gewesen war. Unter seinem Regime wurde Südafrika auf der einen Seite immer stärker militarisiert, andererseits versuchte Botha aber, durch eine Serie von Reformen die weiße Vorherrschaft zu schützen und gleichzeitig dem Druck der Westmächte, die Apartheid abzuschaffen, nachzukommen.

In dem langen Zeitraum von 1948 bis 1978 hat sich die Nationale Partei verändert. Zu Beginn war die Partei, ihre Führung sowie ihre Anhänger, von der Richtigkeit ihrer Anschauung überzeugt. Je lauter jedoch der Protest wurde, desto unsicherer wurde man in Südafrika. Der Spruch, „sich ins Lager zurückziehen", stimmt schon lange nicht mehr. Anstelle des gottesfürchtigen, aufrechten Buren steht heute ein verunsicherter, moderner Mensch, der nicht weiß, wie er sich an die Neuzeit anpassen soll. Die Nationale Partei hat deswegen auch Wähler zur Rechten wie zur Linken verloren. Neue extrem-rechte Parteien – die Herstigte Nasionale Party und die Conservative Party – sowie einige extreme Gruppierungen wie die Afrikaner Weerstandsbeweging sind entstanden. Diese vertreten entweder den Standpunkt, daß ein weißes Heimatgebiet ohne schwarze Arbeitskräfte errichtet werden müsse oder daß man zu einer reinen Apartheidsphilosophie des Hendrik Verwoerd zurückkehren müßte.

Militarisierung und Gewalt haben den Glauben an den göttlichen Auftrag ersetzt. Das bedeutet, daß der Wille zur echten Reform nicht vorhanden und der Wille zu notwendigem politischen Handeln ebenfalls verloren gegangen ist. Die Nationale Partei hat ihre Kraft eingebüßt, und so wird sie auch ihre Macht verlieren.

Die Briten

Die englischsprachigen Südafrikaner sind zwar in der weißen Gesellschaft in der Minderheit, haben jedoch lange die wirtschaftliche Übermacht besessen. Es war nach der Übernahme des Kaps durch die Briten, daß internationale Handelsbeziehungen gesponnen wurden. Britische Soldaten besiegten die Buren und die Schwarzen – wie den Pedihäuptling Sekhukhune oder die Zulu – entmachteten.

In Südafrika, wie in anderen Teilen des britischen Reiches, fühlten sich die Briten sicher und allen anderen überlegen. Sie machten sich keine Gedanken, ob sie Schwarzen oder Buren gegenüber „freundlich" sein sollten. Das war eine Frage der Klasse, nicht der Rasse. War ein Bure oder Schwarzer „gebildet", so konnte man sich mit ihm an einen Tisch setzen – was keineswegs bedeutete, daß es erwünscht war, daß eine Tochter einen Buren oder Schwarzen heiratete. Das lag auf derselben Linie, wie die Einstellung einem Juden gegenüber, dem, auch wenn er reich war, die Mitgliedschaft in einem Londoner – oder Kimberleyer oder Johannesburger Klub – verweigert wurde.

Der Liberalismus der Kapgesellschaft jedoch, die im Laufe des 19. Jahrhunderts eine Regierung im Stil des Westminsterparlamentsmodells entwikkelte und „Mischlingen“ sowie Schwarzen einige Rechte einräumte, lag in der britischen Tradition. Es wurde in Whitehall und Kapstadt erwartet, daß diese Tradition in der 1910 gegründeten Südafrikanischen Union fortgesetzt werden würde, obwohl die ersten Premierminister dieser Union ehemalige Gegner waren. Man unterschätzte den Britenhaß der Buren, ihren Abscheu gegenüber den Schwarzen und die Entschlossenheit, mit politischen Strategien den Burenkrieg doch noch zu gewinnen.

Man war erstaunt, als sich neue politische Gruppen bildeten – vom Broederbond wußte man nichts –, die mit der Politik der Versöhnung, vertreten durch General Smuts, nichts zu tun haben wollten, die, im Gegenteil, Smuts als Verräter des „volks“ betrachteten. Auseinandersetzungen unter den Buren wurden weder verstanden noch toleriert. Die englischsprachigen Südafrikaner gingen ihren Geschäften nach – sie beherrschten das Bankwesen, die Versicherungsgesellschaften, saßen in den Aufsichtsräten der Minengesellschaften und der sich neu entwickelnden südafrikanschen Multis und überließen die Politik den Afrikaanern.

Sie waren noch mehr über die Apartheid und deren Gesetzgebung erstaunt. Warum wollte man etwas gesetzlich festlegen, nämlich die Rassentrennung, was in der Gesellschaft traditionell festgelegt war? Warum sollte ein gebildeter Schwarzer nicht eine Wohnung in einem vornehmen nördlichen Vorort von Johannesburg beziehen können, wenn er sich das leisten konnte? Viele englischsprachige Südafrikaner hielten Apartheid für lächerlich.

Andere, wie die Frauen der Mittelschicht, die in den 50er Jahren um den Tod der Demokratie öffentlich trauerten, indem sie sich eine schwarze Schärpe („black sash“) umbanden, kämpften gegen die Apartheidsgesetze.

Im Jahr 1936 wurden von der Hertzogregierung die Bürgerrechte der Schwarzen abgeschafft. In den 50er Jahren wurden die restlichen „Mischlings“-Bürgerrechte begraben. Ein weißer Staat sollte für alle Ewigkeiten bestehen. Die Schwarzen sollten sich ihre Bürgerrechte in den „Heimatgebieten“, die „Mischlinge“ und Inder in den eigenen städtischen Gruppen suchen.

Diese getrennte Entwicklung der Rassen konnte nicht erfolgreich sein. Sie führte zur Absurdität, zu Widersprüchen und zu Widerstand, auch unter den weißen englischsprachigen Südafrikanern. Viele verließen das Land. Von den Afrikaanern wurde ihnen vorgeworfen, für sie sei Südafrika eben nicht die einzige Heimat. Vor allem die Natalsüdafrikaner hatten noch in den 50er Jahren von England als „home“ gesprochen. Andere begaben sich in die politische Opposition, indem sie die kleine Progressive Federal Party unterstützten (die jahrelang im Parlament von einer einzigen Frau vertreten war, Helen Suzman), andere bekannten sich – wie eben auch einige Afrikaner – offen zum schwarzen Widerstand, andere verweigerten, vor allem in den 80er Jahren, den Kriegsdienst, weil sie weder in Angola noch in den schwarzen Vororten für eine Sache sterben wollten, die sie für widersinnig und ungerecht hielten.

Mitte des Jahres 1985 besuchten südafrikanische Geschäftsleute die Exil-Führer des African National Congress in Lusaka. Sie wollten hören, ob der ANC eine marxistische Organisation sei und ob sie zu Verhandlungen bereit sei. Die englischsprachigen Südafrikaner verhielten sich nämlich pragmatisch, so wie es ihre Vorfahren stets getan hatten.

Die Asiaten

Sie sind eine Minderheit mit knapp 900.000 Menschen unter Südafrikas Bevölkerung. Nach Feierabend konnte man sie in Johannesburg spazierengehen sehen, entlang des kleinen Sees in der Nähe des Zoos – beides ein Geschenk des Goldbarons Hermann Eckstein. Da er sein Vermächtnis „der Stadt Johannesburg" hinterlassen hatte und nicht „den Weißen", konnte man nicht verhindern, daß inmitten eines vornehmen weißen Vororts „Nicht-Weiße" einen Erholungsort mitbenutzten.

Gemeint sind die Inder. Die Familien gingen spazieren. Die Frauen trugen farbenprächtige Saris. Gelegentlich konnte man auch Hosenbeine entdecken, denn unter Südafrikas Indern gibt es Hindus wie Muslims. Die Mehrheit der Inder lebte in Natal, keine im Orangefreistaat. Im Jahr 1860 war ein Abkommen zwischen den Briten und der indischen Verwaltung getroffen worden, nach dem Wanderarbeiter aus Indien für die Zuckerplantagen in der neuen britischen Kolonie Natal angeworben wurden. Es hatte sich nämlich gezeigt, daß entlang des Indischen Ozeans das Klima für Zukkerpflanzungen sehr geeignet war; es fehlte jedoch an Arbeitskräften. Gewöhnlich arbeiteten männliche Zulu auf dem Land. Die indischen Arbeiter, viele von ihnen die Ärmsten aus Indiens Süden mit einem hohen Prozentsatz Tamilen, verdingten sich einem Plantageneigentümer für drei Jahre mit einem Gehalt von zehn Schillingen pro Monat, Essen und Unterkunft für das erste Jahr. Eine Steigerung bis zu zwölf Schillingen im dritten Jahr war möglich. Dann konnten sich die Arbeiter für ein weiteres Jahr verpflichten. Nach fünf Jahren war es den Arbeitern erlaubt, zu leben und zu arbeiten, wo sie wollten, mit der Option einer kostenlosen Rückfahrt nach Indien. Die meisten Inder blieben nach zehn Jahren für immer in Natal, arbeiteten weiter auf den Plantagen oder machten sich selbständig.

Die Inder wurden Kleinbauern, Händler und Diener. Ihnen folgte eine zweite Emigrationswelle einer reicheren Schicht von Unternehmern, die ihren Landsleuten die für sie wichtigen Waren verkauften. Es waren dies

Händler, die sich in entlegenen ländlichen Gebieten niederließen und dort Läden eröffneten, die vor allem in Natal nicht nur Inder, sondern auch Weiße und Afrikaner versorgten. Bis zum Jahr 1911 waren etwa 140.000 Vertragsarbeiter aus Indien nach Südafrika gebracht worden. Theoretisch waren sie genau so wahlberechtigt wie die Weißen, aber in der Praxis war es äußerst schwierig, von diesem Recht Gebrauch zu machen. Seit 1893 – dem Jahr, in dem Natal Selbstverwaltung erhielt –, wurde das tägliche Leben für Inder schwieriger, da die weißen Natalbürger die Konkurrenz fürchteten. Inder – verächtlich „coolies" genannt –, die nicht nach Indien zurückkehrten, mußten hohe Steuern zahlen, und nur diejenigen erhielten Handelslizenzen, die ihre Bücher auf Englisch führten. Für einen Weißen galt es als Vergehen, sich mit einer Inderin zu verheiraten. Das Betreten des Orangefreistaats war den Indern von Anfang an verboten. Im Transvaal lag es anders. Die Regierung der Südafrikanischen Republik hatte zwar Asiaten die Einwanderung erlaubt, aber auch auf sie die Verordnung angewandt, die allen „Nicht-Weißen" die Bürgerrechte verweigerte.

Die Diskriminierung der Inder hatte einen erstaunlichen Einfluß auf die Geschichte Indiens. Im Jahr 1893 kam ein junger Rechtsanwalt namens M.K. Gandhi wegen eines Rechtsfalles nach Südafrika und wurde, weil er in ein Erste-Klasse-Zugabteil eingestiegen war, dort mißhandelt. Der spätere Mahatma war als Brahmin, Mitglied der höchsten Hindukaste, derartige Behandlung nicht gewöhnt. Über die Verhältnisse in Südafrika durch Freunde, zu denen auch der deutsche Architekt Kallenbach gehörte, informiert, engagierte sich Gandhi stark politisch. Er kehrte nicht, wie geplant, nach Indien zurück, sondern blieb bis 1914. Inzwischen war er ein bedeutender Politiker und großer Führer geworden und hatte einen Ashram gegründet, der 1986 bei den Unruhen in Südafrika zerstört wurde. Ghandi wehrte sich gegen die neue Verordnung, daß alle Inder wie die Afrikaner, stets „Pässe" bei sich tragen mußten, und wurde inhaftiert. Gandhi gründete 1894 den Natal Indian Congress, der zum Vorbild für den South African Indian Congress (Südafrikanischer Inder Kongreß) und für die anderen Parteien, die den Namen „Kongreß" tragen, vor allem für den African National Congress, aber auch den South African Trade Union Congress und den Congress of Democrats wurde.

Gandhi entwickelte in Südafrika seine Philosophie des gewaltfreien Widerstandes. Er setzte zum ersten Mal den passiven Widerstand als politische Strategie gegen unmenschliche und diskriminierende Gesetze ein. Trotzdem verbesserte sich das Los der Asiaten in Südafrika nur wenig. Es ist verständlich, daß sich die Regierung Indiens nach der Unabhängigkeit weigerte, diplomatische Beziehungen mit Süafrika aufzunehmen. Der jetzige Premierminister Indiens, Rajiv Gandhi, wie schon seine Mutter Indira, kämpft als Mitglied der Commonwealth sowie der blockfreien Bewegung weiter gegen die Apartheid. Er reiste im Juni 1986 durch die Region, um die Probleme kennenzulernen. Unter der indischen Bevölkerung gibt es reiche Händlerdynastien wie arme Arbeiter, doch alle Klassen, unabhängig von der Religionszugehörigkeit, leiden unter dem Gruppengebietsgesetz und anderen Gesetzen. Im Zug der Apartheidsgesetzgebung wurden Inder umgesiedelt; so aus Pageview und Fordsburg in Johannesburg, wo sie alt etablierte Geschäfte, Häuser und Institutionen wie Moscheen und Schulen verlassen und nach Lenasia, in einen für sie bestimmten Vorort, ziehen mußten.

Mitglieder des South African Indian Congress gehören heute dem African National Congress im Exil sowie dessen Militärflügels Umkontho we sizwe und auch der Südafrikanischen Kommunistischen Partei an. Die Beteiligung an den Wahlen für das indische „Parlament" Südafrikas im Jahr 1984 war, aufgrund des gut organisierten Boykotts gering.

Nicht nur indische Muslime und Hindus gehören zur Gruppe der Asiaten, sondern auch Chinesen. Es sind aber nur wenige Menschen, die von einer größeren Immigrationswelle zu Beginn des Jahrhunderts übriggeblieben sind. Nach dem Burenkrieg wollten die Bergwerkseigentümer das Arbeitskräfteproblem lösen, indem sie chinesische Arbeiter anheuerten. 1904 kamen die ersten 10.000. Bis zum Jahr 1908 waren fast 100.000 in die Bergwerke gebracht worden. Doch dann schickte man sie zurück. Die Weißen hatten Angst vor der Konkurrenz, obwohl ihnen mehr als 40 Arbeitsaufgaben bereits vorbehalten wurden. Das bedeutete, daß weder Chinesen noch Afrikaner Facharbeiten ausführen durften. Die Chinesen mußten wie die Afrikaner Pässe tragen und wurden innerhalb des Bergwerksgeländes, wo sie leben mußten, von chinesischen Aufsehern kontrolliert. Bald aber gab es Streitigkeiten: Chinesen sollten Drogen eingeführt haben und dem Glücksspiel ergeben gewesen sein. Das ist sehr wohl möglich, wenn man bedenkt, daß sie allein, ohne Familien, in einer fremden und unfreundlichen Umgebung leben mußten und daß beides in ihrer eigenen Tradition verankert ist. Auf jeden Fall war die Angst vor ihnen groß, und nachdem die Zahl der Deserteure zugenommen hatte und sich Chinesen außerhalb des Bergwerksgeländes illegal aufhielten und in Banden lebten, wurden sie zurückgeschickt. Nur einige konnten sich verstecken und später etablieren.

Es gehört zur Absurdität der Apartheid, daß Inder und Chinesen als Asiaten klassifiziert werden, Japaner aber nicht. Zumindest lebten zunächst keine Japaner in Südafrika. Sie kamen während der 60er Jahre dieses Jahrhunderts als Geschäftsleute ins Land. Japan braucht die Rohstoffe, die Südafrika zu verkaufen hat. Also wurde eine Verordnung erlassen, wonach Japaner „Ehrenweiße" wurden. Das bedeutet, daß sie sich an allen Orten, die für Weiße reserviert sind, aufhalten können. Bis zur Aufhebung des Gesetzes gegen Geschlechtsbeziehungen zwischen verschiedenen Rassen, war dies das einzige Gesetz, dem auch Japaner unterworfen waren — Japaner also Drei-Viertel-Ehrenweißenstatus besaßen.

Die Juden

1986 nahm die Mitgliedschaft einer neuen Neo-Nazi-Organisation, der Afrikaans Weerstandsbeweging (AWB), schlagartig zu. Am 31. Mai, dem Tag der Republik, versammelten sich die AWB Mitglieder am heiligsten der heiligen Orte der afrikaanssprachigen Südafrikaner, am Voortrekkerdenkmal. Das Denkmal wurde auf einem kleinen Hügel in der Nähe der Hauptstadt Pretoria im Jahr 1938 zum Jubiläum des Großen Treks erbaut. Dort ist ein symbolischer Sarg im Inneren aufgestellt, auf den um genau 12 Uhr ein Strahl der Sonne durch das offene Dach fällt. Rings um das Denkmal sind die heldenhaften Trekker und ihre Kinder zusammen mit den Gespannen der Ochsenwagen, die sie ins Innere des Landes getragen hatten, eingemeißelt.

Die AWB ist eine der rechts-extremen Organisationen, die mit den Reformversuchen der Botharegierung nicht einverstanden sind. Diese wollen zurück zur reinen Apartheid, sind bereit, für ein weißes Südafrika ohne einen einzigen Afrikaner einzutreten, wollen aber gleichzeitig Transvaal, den Orangefreistaat und die reichen Goldminen behalten.

Der Auftritt am 31. Mai war für die Botharegierung unangenehm, aber keine politische Gefahr, wohl aber ein deutlicher Beweis dafür, daß die Einheit für „die volk" nicht mehr dasselbe bedeutet wie noch vor wenigen Jahren.

Für Südafrikas kleine, aber wirtschaftlich wichtige jüdische Gemeinde ist alles wie gewohnt. Eugene Terreblanche, ehemaliger Polizist und Führer der AWB, umgibt sich mit einer Horde uniformierter „Sturmfalken" und macht gehässige, rassistische Bemerkungen, gegen Nicht-Weiße und Juden. Das Zeichen der AWB ist ein Symbol, das dem Hakenkreuz ähnlich ist.

Während der 30er Jahre hatte es schon Naziorganisationen gegeben, vor allem die Ossewabrandwag (OB), zu deren Mitgliedern Führer wie der einstige Premierminister John Vorster und auch der heutige Präsident Botha gehörten; Botha gab seine Mitgliedschaft auf, nachdem er Präsident der Nasionalen Party geworden war und Dr. Daniel François Malan erklärte hatte, man könne nicht Mitglied beider Organisationen sein.

Damals gehörten die Parolen „Juden raus" ebenso zur AWB wie die Grauhemden, deren Führer später ein Senator in der ersten Regierung der Nasionalen Party wurde. Die Nähe zum Faschismus war gegeben, so, wie die Apartheid dem Nazismus sehr ähnlich ist, was sich in den Umsiedlungen, der Verletzung der Menschenrechte und den Herrenmenschenallüren dokumentiert.

Heute leben etwa 110.000 Juden in Südafrika, die Mehrheit, ungefähr 60.000 in Johannesburg; andere große Gemeinden gibt es in Kapstadt, Durban und Pretoria. Die ersten Einwanderer kamen während des Diamantenrausches. Traditionell sind Juden in der Diamantenindustrie tätig. Im Mittelalter waren ihnen alle Zünfte verschlossen. In seiner Begeisterung über einen Diamanten hatte Karl der Kühne ihnen diesen Beruf gestattet. Ein Jude war es, der den ersten Diamanten für ein Schmuckstück des Königs schliff. Nach der Entdeckung des Goldes in Südafrika waren es zum Teil die erfolgreichen jüdischen „Diamantenkönige" aus Kimberley, die dank ihrer internationalen Verbindungen nun bei der Entwicklung der Goldindustrie in Johannesburg beteiligt waren. Nicht alle Juden wurden Millionäre wie der Hamburger Alfred Beit (Partner von Cecil Rhodes und finanzielles Genie), dessen Stiftung noch heute vor allem Infrastrukturenprojekte in Simbabwe unterstützt.

Andere waren zunächst umherziehende Trödler, die auf den verstreuten Burenfarmen des Orangefreistaats und Transvaals ihre Geschäfte machten und für die man einen „kosheren" Topf bereithielt. Sie entwickelten sich zu Händlern und gründeten Warenhäuser und, im Zuge der Industrialisierung, Fabriken für Konsumgüter.

Die jüdische Gemeinde gleicht in ihrer Herkunft und Entwicklung den amerikanischen Gemeinden. Die Mehrheit der Juden flüchtete vor den Pogromen in Osteuropa – Polen, Rußland und Litauen – und versuchte, sich in der neuen Heimat zurechtzufinden. Die bekanntesten sind natürlich die „Reichen", Männer wie Barney Barnato, der kleine, aus dem Osten stammende Jude, der in den 80er Jahren Konkurrent von Cecil Rhodes in Kimberley gewesen war, oder der letzte der Goldbarone, Ernst (Sir Ernest) Oppenheimer, der 1880 in Friedberg, Hessen, geboren wurde. Er gründete im Jahr 1918 einen der größten transnationalen Konzerne der Welt, den größten in Südafrika – die Anglo American Corporation of South Africa. Sir Ernest und sein Sohn Harry gehören sowohl zur Vergangenheit als auch zur Gegenwart des Landes. Harry Oppenheimer, 1908 geboren, ist die treibende (und finanzielle) Kraft hinter der Oppositionspartei, der Progressive Federal Party (PFP). Es war der Nachfolger von Harry Oppenheimer, Gavin Relly, der 1985 eine Delegation zum ANC nach Lusaka leitete und so eine neue Haltung dieser Organisation gegenüber demonstrierte.

Die jüdische Gemeinde, von den Briten während der Kolonialzeit wie alle Außenseiter abgelehnt, ist in der Mehrheit zionistisch ausgerichtet und ist eine Stütze der vielen liberalen Juden und Anti-Apartheid-Kämpfern verhaßten Verbindung zwischen Israel und Südafrika. Juden aber waren auch das Rückgrat der Kommunistischen Partei. Es waren jüdisch liberale Gegner der Apartheid, die diese in den 50er und 60er Jahren bekämpften. So war der einzige Weiße, der zusammen mit Mandela und den anderen Männern von Rivonia zu lebenslanger Haft verurteilt wurde, ein Jude. Es ist immer jüdische Tradition gewesen, sich gegen Tyrannei aufzulehnen.

Etwa 3.000 Juden kamen in den 30er Jahren aus Deutschland, doch diese Einwanderungswelle wurde 1936 aufgehalten, da die nazifreundlichen Oppositionsgruppen unter den Buren zu mächtig waren. Die deutschen Juden bildeten ihre eigenen Emigrationsorganisationen, trugen viel zur Kultur vor allem in Johannesburg bei, und waren zum großen Teil, aber keineswegs alle, Apartheidsgegner.

Die Juden werden zu den Weißen gerechnet und gehören zur englischsprachigen Gruppe.

Von der Segregation zur Apartheid

In den Jahren nach der Gründung der Südafrikanischen Union 1910, die ja ein Resultat des Burenkrieges und des britischen Schuldgefühls den Buren gegenüber war, bestimmte die Politik der Buren die politischen Ereignisse in Südafrika. Bis 1948 standen die gewählten Regierungspolitiker auf Seiten der Briten, wie der Premierminister Smuts, der 1939 sein Land gegen den Nazismus führte; trotz seines Rufes als internationaler Staatsmann mußte er 1948 abtreten. Die oppositionelle Nasionale Party – hitlerfreundlich, nationalistisch, faschistisch – gewann die Wahl, und Dr. François Daniel Malan wurde Premierminister. Er prägte die Parole von der Apartheid und meinte damit eine konsequente Politik zur Durchführung der „getrennten Entwicklung" der verschiedenen ethnischen Gruppen in Südafrika. Was sich bis dahin als „Segregation" entwickelt hatte, sollte nun verfassungs- und gesetzesmäßig perfektioniert werden, vor allem sollte es zu einer staatsbürgerlichen und geographischen Trennung kommen.

Es gab ja bereits die „Reservate", Überbleibsel afrikanischen Besitzes aus der Zeit der Widerstandskriege des 19. Jahrhunderts. Die Namen Transkei und Ciskei, beides inzwischen „unabhängige Republiken", zeigen, daß es sich um jene Gebiete handelt, die immer wieder im Zuge der „Kaffernkriege" zwischen Buren und Xhosa ihre Besitzer gewechselt hatten, bis es den Frontierburen mit Hilfe der Briten gelang, die Xhosa „über" den Kei zu treiben.

Die „Reservate" wurden in „Heimatländer" (homelands) umbenannt. Sie werden von Gegner des Systems als „Bantustans" bezeichnet. Für die neun von der südafrikanischen Regierung deklarierten Nationen Schwarzer wurden zehn Republiken geplant. Jeder Schwarze wurde einer Nation zugeordnet. Das führte bei vielen Menschen, deren Vorfahren aus vielerlei Völkern stammten, zu schlimmer Willkür. Wohnsitz sollte nun das „Heimatland" sein, so daß Zwangsumsiedlungen mehrerer Millionen Menschen vorgesehen waren. Die Umgesiedelten verloren ihre südafrikanische Staatsangehörigkeit. Sollten die „Heimatländer" die ihnen zugedachte Funktion erfüllen, erforderte das jedoch nach Expertenmeinung aus den 50er Jahren, daß mehr Land an die enteigneten schwarzen Völker abgetreten werden müßte, daß große Investitionen notwendig würden und daß in jedem Bantuheimatland eine moderne Wirtschaft aufgebaut werden müßte, sodaß nicht nur jeder Schwarze volle Bürgerrechte erhalten, sondern sich auch seinen Lebensunterhalt verdienen könnte.

Das alles war nicht zu verwirklichen. Weiß-Südafrika war nicht bereit, Steuergelder für Landkäufe zugunsten Schwarzer einzusetzen und in „schwarzen Gebieten" zu investieren. Entscheidend für die Undurchführbarkeit war jedoch die Tatsache, daß das Rassensystem, ob gesetzlich festgelegt oder nicht, ein Klassensystem ist, das für die regierende Klasse sehr erfolgreich funktioniert. Die Bantuheimatländer sind Sammelbecken billiger Arbeitskräfte. Diese Gebiete, längst ausgelaugt und übervölkert, können die wachsende Bevölkerung seit langem nicht mehr ernähren. Die meisten Bewohner sind deshalb gezwungen, Arbeit in den „weißen" Gebieten zu suchen, auf Plantagen und Farmen, in Fabriken und Haushalten und in den Bergwerken.

Malan und seine Nachfolger konnten mit der Gesetzgebung an bestehendes Recht anknüpfen.

Wahlrecht und Staatsangehörigkeit

Das 1909 vom britischen Parlament verabschiedete Grundgesetz der Südafrikanischen Union – seit 1961 Republik Südafrika – schränkte das bis dahin gültige Wahlrecht für Afrikaner und „Mischlinge" in der Kapprovinz ein. Diese Rechte wurden 1936 noch weiter beschnitten. Das Gesetz über die „Heimatländer", das 1957 verabschiedet wurde, entzog Afrikanern innerhalb „Weiß"-Südafrikas das Bürgerrecht (Gruppengebietsgesetz) und legte den Grundstein für die zehn „Heimatländer", in denen Wahlrecht und politische Betätigung von Afrikanern „parallel" zu „Weiß"-Südafrika entwikkelt werden sollten. Asiaten sowie „Mischlinge" erhielten keine „Heimatländer".

Im Jahr 1983 entwarf die Regierung des Premierministers Pieter Willem Botha eine neue Verfassung, die der „pluralen Gesellschaft" und den daraus entstehenden Problemen Rechnung tragen sollte. Es entstand ein System mit einem Präsidentenamt, das weitreichende Vollmachten hat, und drei gesetzgebenden Kammern; je eine für die „Weißen", „Mischlinge" und Asiaten. Die „weiße" Kammer und andere Gremien – Kabinett, Präsidialrat – sichern die fortdauernde weiße Dominanz und Kontrolle. „Mischlinge" und Asiaten können, obwohl nun in die Zentralregierung integriert, die Regie-

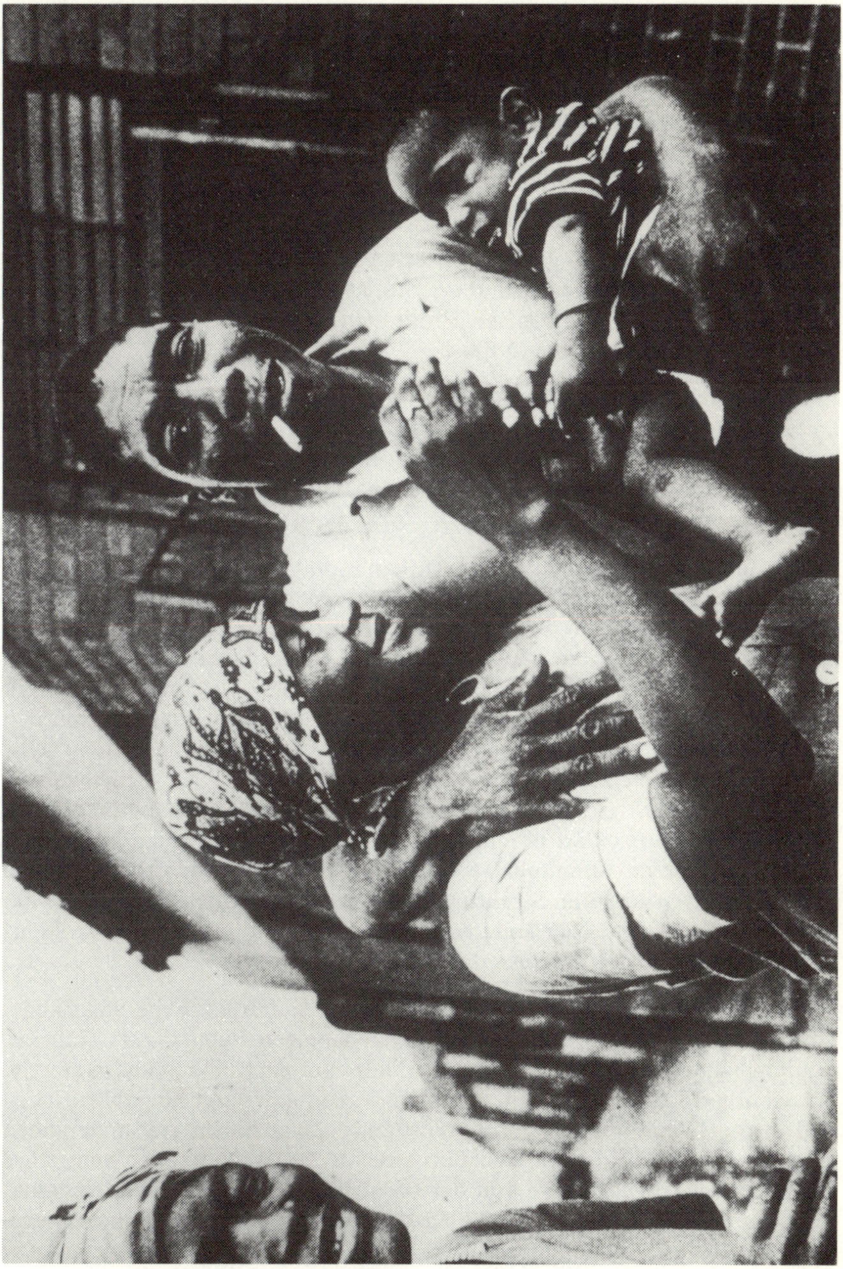

rungspolitik nicht beeinflussen, sondern lediglich ihre „eigenen Angelegenheiten“ regeln.

Die Afrikaner blieben weiter aus der Zentralregierung ausgeschlossen. Aufgrund ihrer Zugehörigkeit zu „Heimatländern“ war das zwangsläufig. Aber die Hälfte aller Afrikaner lebt nicht in „Heimatländern“, sondern in „Weiß“-Südafrika, in Städten und auf „weißen“ Farmen. Dort werden sie durch „Banturäte“ repräsentiert.

Gegen diese Verfassung demonstrierten unterschiedliche Organisationen wie Kirchen, Gewerkschaften, Bürgerinitiativen; zusammengeschlossen in der Vereinigten Demokratischen Front (United Democratic Front, UDF) und dem Nationalen Forum (NF).

Die Wahlen für die asiatische und die „Mischlings“kammer wurden boykottiert, und die Abgeordneten erhielten ihre Sitze nur mit minimalen Stimmenzahlen. Nachdem die Verfassung im September 1984 in Kraft trat, begannen in den städtischen Vororten die Unruhen, die nicht mehr unter Kontrolle zu bringen sind.

In einem Versuch, den Zorn der Afrikaner und die Empörung der Weltöffentlichkeit aufzufangen, wurden im Mai 1986 neue Vorschläge gemacht. Die dreiteilige Parlamentsstruktur sollte auf nationaler Ebene bestehen bleiben. Dazu sollte es einen neuen Nationalrat geben, wobei zu diesem Zeitpunkt noch nicht festgelegt war, wie die städtischen Afrikaner in der Zentralregierung vertreten werden sollten. Der neue Nationalrat sollte mit den Regierungen der „unabhängigen Heimatländer“ zusammenarbeiten; seine Funktionen sollten aber lediglich beratender Art sein. Auf Provinzebene wurde eine neue Struktur mit multirassischem Kabinett (wobei die Rolle der Afrikaner noch ungeklärt ist) angestrebt. Auf der dritten Ebene sollten die lokalen, schwarzen Kommunalverwaltungen in „Weiß“-Südafrika der noch nicht definierten obersten Struktur für Afrikaner angegliedert werden, während die Verwaltungen der anderen Rassengruppen direkt mit den drei Parlamentskammern verbunden sind.

1986 erhielten alle Bewohner Südafrikas die südafrikanische Staatsangehörigkeit zurück; die Bewohner der „unabhängigen Republiken“ Transkei, Bophutshatswana, Venda und Ciskei können auch die südafrikanische Staatsbürgerschaft beantragen, wenn sie außerhalb „ihrer Republik“ leben und ihre „Heimatland“-Regierung zustimmt. Zwar haben sie immer noch kein Wahlrecht und die anderen Bürgerrechte der Weißen, aber wenigstens das moralische Recht, diese von der südafrikanischen Regierung einzuklagen — und sie erscheinen wieder in den Arbeitslosigkeits-, Einkommens- und Sterbestatistiken Südafrikas.

Bevölkerung der Homelands

(1984) (Quelle: South African Inst. of Race Relations, Survey)
Nicht-Unabhängige Homelands

Nation	
Gazankulu (Tsonga)	580.952
KaNgwane (Swasi)	377.898
KwaNdebele (Süd-Ndebele)	176.727
KwaZulu (Zulu)	3.866.273
Lebowa (Nord-Sotho)	2.046.479
Qwaqwa (Süd-Sotho)	178.124

Sogenannte unabhängige Homelands:

Bophuthatswana (Tswana)	1.667.478
Ciskei (Xhosa)	903.681
Transkei (Xhosa)	2.912.408
Venda (Venda)	381.891

Bevölkerungsklassifizierungsgesetz

Die Bevölkerung wurde 1956 in die Rassen weiß, farbig, d. h. „Mischling" oder Asiaten, und schwarz klassifiziert. Jeder mußte sich einer Kategorie zuweisen lassen. Die Definition war und ist äußerst schwierig, sodaß in jedem Jahr Einzelpersonen neu klassifiziert werden. „Weiß" ist jemand, dessen Eltern ebenfalls als „weiß" klassifiziert wurden. Kann das nicht bewiesen werden, so gelten Erscheinung, Bildung, Sprache und Gewohnheiten der betreffenden Person. Weißer ist, wer so aussieht wie ein Weißer, Gewohnheiten eines Weißen besitzt und von anderen als Weißer anerkannt wird.

Gruppengebietsgesetz

Das Gruppengebietsgesetz legt fest, in welchen Gebieten sich die Mitglieder der verschiedenen Rassen rechtmäßig aufhalten, wo sie arbeiten und wo sie leben dürfen. Dieses Gesetz ist eng mit dem Landgesetz von 1913, das 1936 ergänzt wurde, verbunden. Danach sind etwa 13% der gesamten Landfläche für Afrikaner „reserviert", also für etwa 75% der Bevölkerung.

Diese 13% der Gesamtfläche, aus der zehn „Heimatländer" gebildet wurden, besteht nun keineswegs aus zehn zusammenhängenden Gebieten. 1975 z. B. bestand KwaZulu aus 48 Reservaten und „schwarzen Flecken" (black spots), die durch Aufkauf und Zusammenlegung weißer Farmen auf zehn reduziert wurden. Selbst die Transkei, die als erstes Gebiet 1976 „unabhän-

gig“ wurde, besteht aus drei Teilen, die Ciskei hatte 17, Bophuthatswana 19 Teile, die inzwischen auf je sechs reduziert wurden. Die „Heimatländer“ bilden also schwarze Inseln, umgeben von einem weißen Meer.

Aufgrund des Gruppengebietsgesetzes wurden im Laufe von zwei Jahrzehnten etwa 3,5 Millionen Menschen zwangsumgesiedelt. Es handelte sich um Bewohner „schwarzer Flecken“, ländlicher Gemeinden, die in Gebieten mit hauptsächlich weißen Farmen entstanden waren, oder städtischer Siedlungen, in denen Afrikaner Landrecht besaßen, was aber gegen die Apartheidspolitik verstieß. Mitunter wurden auch Einzelpersonen ausgesiedelt, und zwar nach Vorschriften für die städtischen Afrikaner, wenn es sich um „überflüssige Anhängsel“ – meistens Ehefrauen, Kinder und alte Menschen – handelte. Nach der Theorie der Apartheid sollten sich Afrikaner lediglich als Wanderarbeiter in städtischen Gebieten aufhalten dürfen, ohne „Anhängsel“ und nicht auf Dauer. In städtischen Gebieten geborene Afrikaner aber wurden trotzdem einem „Heimatland“ zugeteilt.

Verbündete, verlockt durch Macht und Geld, fanden sich, um die „Heimatlandpolitik“ durchzuführen. Eine genügende Zahl von Häuptlingen und Handlangern ließen den Schwindel der „unabhängigen Heimatgebiete“ zu, wurden Premierminister und Beamte, regierten jedoch nicht nur von Gnaden der weißen Regierung, sondern auch mit Hilfe von Ausnahmezustand, Polizei und Gewalt. Außer von Südafrika selbst, ist keines dieser „unabhängigen Heimatländer“ als Staat im Sinne des Völkerrechts anerkannt.

Auch „Mischlinge“ und Asiaten wurden aus städtischen Gebieten zwangsaus- und -umgesiedelt; wie etwa die „Mischlinge“ aus District Six in Kapstadt, einem schönen Vorort am Hang des Tafelberges, der nun verlassen und bis auf die Kirchen und Moscheen eingeebnet ist.

Zuzugskontrollgesetz

Um das stetige Anwachsen der schwarzen Bevölkerung in den Städten zu unterbinden, wurden der „Zufluß“ stärker kontrolliert und die Maßnahmen gegen „Unbefugte“ zunehmend verschärft. Schwarze Städte, die an weiße Gebiete grenzten, wurden so abgesichert bwz. andere neu gebaut, daß es stets möglich ist, sie durch Militäraktionen zu kontrollieren. Jahrzehntelang sind diese Vororte zu befestigten Ghettos ausgebaut worden. Sogenannte illegale Lager, wie in Crossroads bei Kapstadt, in denen sich vor allem Frauen und Kinder aufhielten, um in der Nähe von Arbeitsplätzen und ihren Männern zu leben, wurden regelmäßig demoliert und abgerissen, die Einwohner mißhandelt, inhaftiert und, wenigstens für einige Zeit, in die „Heimatländer“ abgeschoben.

Zu den Reformvorschlägen des Jahres 1986 gehören auch neue Vereinbarungen mit den „unabhängigen“ sowie den noch nicht total selbständigen

Verwaltungen von „Heimatländern" über die Kontrolle von Afrikanern innerhalb „Weiß"-Südafrikas.

Paßgesetze und Mischehengesetz

Das wichtigste Instrument für die Kontrolle von Afrikanern innerhalb „Weiß"-Südafrikas sind die Paßgesetze, die seit Beginn des 20. Jahrhunderts gelten und von der Regierung der Nationalen Partei während der 50er Jahre verschärft wurden.

Jahrzehntelang protestierten die Afrikaner gegen diese Gesetze, nach denen täglich Hunderte inhaftiert wurden. Im Juni 1986 wurden sie abgeschafft. An ihre Stelle traten neue Ausweisbestimmungen für alle Rassengruppen, ergänzt durch neue Verordnungen zur „ordentlichen städtischen Entwicklung". „Ordentliche städtische Entwicklung" bedeutet, daß die neuen Ausweise an den Nachweis von Arbeits- und Wohnplatz gebunden werden. Viele Afrikaner, auch die in „Weiß"-Südafrika geborenen, haben weder einen richtigen Wohn- noch Arbeitsplatz. Die Arbeitslosigkeit ist hoch, besonders unter den Jugendlichen, und es gehört seit den 50er Jahren zur Regierungspolitik, daß offiziell nur wenige Wohnungen in legalen schwarzen Vororten errichtet wurden. Das Abreißen illegaler Behausungen ging trotz der Abschaffung von Gesetzen wie dem Paß- und Zuzugskontrollgesetz weiter. Die Abschaffung der Paßgesetze und ihr Ersatz durch neue Verordnungen bedeutet also eine erheblich strengere und nicht etwa eine mildere Kontrolle.

Gesetze, die Eheschließungen sowie den Geschlechtsverkehr zwischen Angehörigen verschiedener Rassen zum Vergehen gemacht hatten, wurden 1985 abgeschafft. Die Mehrheit der Afrikaner war von diesen Gesetzen ohnehin nicht betroffen, und das Gruppengebietsgesetz macht ein Zusammenleben weiterhin unmöglich. Einen positiven politischen Effekt hatte also die Aufhebung der verschiedenen Gesetze nicht.

Dasselbe gilt für die Milderung der „kleinen Apartheid", der Trennung öffentlicher Einrichtungen nach Rassen, wie etwa getrennte Eingänge und Schalter in Postämtern oder Parkbänke nur für Weiße. Für die Masse der Afrikaner sind das noch immer Nadelstiche. Die Erlaubnis, bestimmte Hotels oder Restaurants besuchen zu dürfen, ist für die Mehrheit Zynismus, da die Preise für sie unerschwinglich sind.

Schwarzen-Bildungsgesetz

Dieses Gesetz führte ein gesondertes Bildungssystem für Afrikaner ein, damit deren Ansprüche nicht „über ihre Verhältnisse hinaus" anwüchsen. Bis 1950 waren die Schwarzen vor allem in Missionsschulen von gut ausgebildeten Lehrkräften unterrichtet worden, soweit sie es sich überhaupt leisten konnten, zur Schule zu gehen.

Gesetzlich geregelt wurde die schlechte Ausstattung der Schulen mit uninteressantem Material, schlecht ausgebildeten Lehrkräften und hohen Klassenfrequenzen. Diese Diskriminierung und die neue Anordnung, das verhaßte Afrikaans zur Unterrichtssprache zu machen, führte zum Aufstand der städtischen Jugend im Jahr 1976 und, trotz mancher Abänderungen im System, zu weiterer Unzufriedenheit und Schulboykotten.

Arbeitsgesetze und Streikrecht

(Industrial Conciliation Act, 1924) Nach dieser Gesetzgebung aus dem Jahr 1924 war ein männlicher Afrikaner, nicht aber die afrikanische Frau, kein Arbeiter; er stand nur in einem Herrn-Diener-Verhältnis und konnte so kein Mitglied einer anerkannten Gewerkschaft werden.

Paragraph 65 dieses Gesetzes erkannte das Streikrecht weißer und „farbiger" Arbeiter an. Dieses Recht war aber Afrikanern bis 1973 vorenthalten. Nach der Streikwelle des Jahres 1973 wurde das „Bantu-Arbeitsgesetz" (Schlichtung von Auseinandersetzungen), Bantu Labour (Settlement of Disputes) Act abgeändert, sodaß Afrikaner nun ebenfalls das Streikrecht erhielten. Trotzdem sind die Bestimmungen derart scharf, daß es weiter schwierig ist, afrikanische Gewerkschaftsmitglieder zum Streik aufzufordern.

Paragraph 77 dieser Arbeitergesetze betrifft die sogenannte Arbeitsplatzreservierung. Nach dem Ermessen des Arbeitsministers kann dieser Arbeitsplätze und bestimmte Arbeiten nur von Mitgliedern bestimmter Rassen besetzen bzw. verrichten lassen. 1977 wurden fast alle Bestimmungen, die Arbeitsplatzreservierung betreffend, aufgehoben.

Die Aufhebung derartiger Bestimmungen wird stets von weißen Gewerkschaften heftig angegriffen.

Sicherheitsgesetze

Zur Sicherung der Apartheid wurden während der 50er und 60er Jahre eine Reihe von Gesetzen erlassen und von Zeit zu Zeit geändert, unter ihnen das Gesetz zur Unterdrückung des Kommunismus, das Gesetz gegen aufständische Versammlungen, das Terrorismusgesetz und das Gesetz über Innere Sicherheit.

Ziel war, den Justizminister und die Polizei zu ermächtigen, gegen politisch Verdächtige hart vorzugehen. Organisationen wie Personen und Publikationen konnten unter „Bann" gestellt, „gebannt" werden. Ein „Bannregister" konnte aus verschiedenen Anordnungen bestehen; meist war damit Hausarrest gemeint, da eine „gebannte" Person sich nicht außerhalb eines

THE BLACK SASH
WOMEN AGAINST APARTHEID
FOR JUSTICE, PEACE AND DEMOCRACY

Radius von fünf Meilen bewegen, von 18 bis 6 Uhr das Haus nicht verlassen und mit keiner anderen „gebannten" Person Kontakt aufnehmen durfte. Gebannte Personen dürfen nichts publizieren und dürfen nicht zitiert werden. Das Besuchsverbot für „gebannte" Personen von Kirchen, Schulen oder Fabriken bedeutete Berufsverbot für Priester, Pfarrer, Lehrer, Gewerkschaftler oder Journalisten. Reisepässe können eingezogen werden, und „Gebannte" müssen sich zu bestimmten Zeiten bei der Polizei melden.

Inhaftierungen bis zu 90, später bis zu 180 Tagen ohne Rechtsbeistand oder anderen Kontakt erfolgen auf der Grundlage des Gesetzes über die Innere Sicherheit, das zwischenzeitlich abgeschafft war, im Juni 1986 aber neu in Kraft gesetzt wurde. In diesem Monat wurde ein weiteres Gesetz, das Ergänzungsgesetz über die öffentliche Sicherheit, vor das Dreikammerparlament gebracht, das den Justizminister ermächtigt, jedes Gebiet zu einem Unruhegebiet zu erklären und dort nach seinem Ermessen zu handeln. Soweit die Gesetzgebung.

Obwohl das Apartheidssystem in allen Einzelheiten im Ausland bekannt ist und verurteilt wird, genießt es weiter die Unterstützung des internationalen Kapitals und damit der westlichen Wirtschaften. Die südafrikanische Regierung verteidigte ihr System gegen Schwarzafrika, wo vor allem in den 60er Jahren aus Kolonien selbständige Staaten wurden, indem sie eine Strategie der Destabilisierung der Nachbarländer bei gleichzeitiger wirtschaftlicher Gängelung betrieb. Nur ungern sah die südafrikanische Regierung, daß Swasiland, Botswana und Lesotho unabhängig wurden; erschrocken war sie über denselben Prozeß in Angola, Mosambik und Simbabwe. Wirtschaftlich von Südafrika abhängig, erlitten diese Länder auch direkte Angriffe und erlebten die immer stärker werdende Militarisierung der Republik Südafrika, die sich inzwischen, wenn auch nur im geheimen, zu den Nuklearmächten zählen kann.

Gesellschaftspolitische Gruppierungen im südlichen Afrika

Bereits gegen Ende des 19. Jahrhunderts hatte sich eine kleine schwarze Mittelschicht gebildet. Einige ihrer Angehörigen unterstützten die weißen Parteien, andere kämpften um mehr Bürgerrechte und vor allem um Anerkennung dieser Rechte innerhalb des neuen Staates, den die Briten gründen wollten.

In anderen ehemaligen britischen Kolonien waren Staaten entstanden, die legitime Nachfolger der Kolonien waren, so in Neuseeland, Kanada und Australien. In Südafrika jedoch war das nicht so einfach. Zwar hatte sich am Kap eine Siedlergemeinschaft gebildet, die den farbigen Mitmenschen einige Rechte eingeräumt hatte, in der britischen Kolonie Natal war das aber bereits anders; dort weigerten sich die britischen Siedler, den ehemaligen indischen Plantagenarbeitern die Gleichberechtigung zu bewilligen, von den einheimischen Schwarzen ganz zu schweigen. Auf dem Papier standen derartige Rechte, praktisch aber war es nur wenigen „Nicht-Weißen" gelungen, das Wahlrecht zu erhalten.

Die Briten hatten schon lange das südliche Afrika – ihre „Einflußsphäre" – durch eine Bündnisgemeinschaft einigen wollen, und zwar einschließlich des Gebietes Nord- und Südrhodesien, das der Gesellschaft des inzwischen verstorbenen Cecil Rhodes gehörte. Doch dem stand vieles im Weg: die „Eingeborenenpolitik" der Burenrepubliken, die Weigerung einheimischer Stämme wie der Sotho, Tswana und Swasi, sich einer Gesellschaft anzuschließen, in der Weiße, vor allem Buren, tonangebend waren, sowie die Ablehnung der britischen Siedler in beiden Rhodesien, sich ständig mit den Buren auseinanderzusetzen.

Ein weiteres Problem, das der Deutschen in Süd-West, konnte erst 1914/15 gelöst werden. 1914 nämlich kämpfte die Südafrikanische Union trotz des Widerwillens einiger Burengeneräle (was sich später im Zweiten Weltkrieg wiederholte) gegen die Deutschen in Deutsch-Südwest. Die Südafrikaner siegten, die deutsche Besatzung mußte sich 1915 ergeben. Das geschah nicht unweit jener Gegend, wo die Deutschen zehn Jahre zuvor die den Aufstand überlebenden Herero in die Wüste und den Tod geschickt hatten.

Auch die sogenannten Hochkommissargebiete von Betschuanaland (Botswana), Swasiland und Basutoland (Lesotho) weigerten sich, in eine Union mit den britischen und burischen Gebieten integriert zu werden. Die schwarzen Bürger der britischen Kolonien fürchteten die Union. Doch Whitehall versprach ihnen, daß ihre Rechte in der Verfassung verbürgt und versiegelt werden würden, trotz der Rassenschranken, die in dieser Verfassung verankert waren.

Die Schwarzen trauten den Versprechungen nicht, vor allem fürchteten sie um ihr Land.

African National Congress (ANC) und Pan Africanist Congress (PAC)

Am 8. Januar 1912 trafen sich im Zentrum des neuen Staates „Südafrikanische Union" in Bloemfontein im Orangefreistaat eine Gruppe Schwarzer. Neu war, daß zu diesem Treffen Häuptlinge kamen, die Stämme repräsentierten, die lange als miteinander verfeindet angesehen worden waren. Nicht nur das, es kamen auch Schwarze, die in der traditionellen Gesellschaft keinen Rang einnahmen – Ärzte, Pfarrer, Journalisten, Rechtsanwälte.

Damals wurde jene Organisation gegründet, die sich später African National Congress nannte und die älteste schwarze nationalistische Partei auf dem afrikanischen Kontinent wurde.

Es wurden viele wichtige Reden gehalten, doch was vor allem in Erinnerung blieb, sind die Worte des Rechtsanwaltes Pixley ka Isaka Seme. Er schrieb damals „...Der Dämon des Rassismus, die Verwirrungen des Xhosa-Fingo Streites, die Feindseligkeit zwischen Zulu und Tsonga, zwischen Basuto und allen anderen Afrikanern müssen beendigt und vergessen werden... Wir sind ein Volk. Diese Streitigkeiten, diese Eifersüchteleien, sind der Grund für all unser Leiden und für unsere heutige Rückständigkeit und Unwissenheit."

„Wir sind ein Volk". Diese Einsicht ist das Kernprinzip des ANC geblieben. Der Schrei, „wir sind ein Volk", hätte von den weißen Südafrikanern nicht überhört werden dürfen, wie überhaupt der ANC nicht hätte übersehen werden sollen.

Auf dieser feierlichen Tagung wurden Hymnen gesungen. Einige Jahre später wurde eine Hymne von einem xhosasprechenden Pfarrer komponiert: das ANC-Lied — Nkosi Sikeleli Afrika — Gott schütze Afrika:
Gott schütze Afrika,
vermehre seinen Ruhm.
Höre unser Flehen,
Herr segne, Herr segne.
Komm, Heiliger Geist,
du bist heilig.
Segne uns,
deine Kinder.

Der Geist
unserer Vorfahren
spornt uns an,
für die
Wiedererlangung
unserer Freiheit
zu kämpfen.

Die Melodie erklingt nun überall im südlichen Afrika; sie ist zur Nationalhymne unabhängiger Länder wie Simbabwe, Sambia und Tansania geworden.

In der Verfassung der Südafrikanischen Union von 1910, die sich selbst im Jahre 1961 zur — mit fast derselben Verfassung — Republik erklärte, war eine feste Rassenschranke errichtet. Über diese konnte sich weder der ANC noch der Südafrikanisch-Indische Kongreß hinwegsetzen, genauso wenig wie die Organisationen der „Mischlinge".

Jahrezehntelang pochten die Führer des ANC an die Türen der Weißen. Bereits ein Jahr nach der Gründung der Partei stellte sich heraus, daß die Befürchtungen der Schwarzen, ihr Land einbüßen zu müssen, nur zu berechtigt waren. Das Landgesetz vom Jahr 1913 verdrängte die Schwarzen aus „Weiß"-Südafrika und gab ihnen lediglich das Recht auf 7 % des Gesamtgebietes, was 1936 auf 13 % erhöht wurde.

Darüberhinaus wurden die Rassenschranken am Arbeitsplatz verschärft. Die „Normen" die auf den Diamantenfelder eingeführt wurden, daß nur der Weiße eine Grube besitzen, der Afrikaner nur Handlanger sein durfte, wurde auf alle industriellen Arbeitsbereiche ausgedehnt. Am Kap wurde Arbeit für „Mischlinge" reserviert. In ganz „Weiß"-Südafrika sollte der Schwarze lediglich als ein vorübergehender Wanderarbeiter leben, ohne Familie – und natürlich ohne Ansprüche oder Rechte.

Die alten Paßgesetze wurden verschärft. Ein bürokratischer Apparat wurde aufgebaut, um „Nicht-Weiße" zu kontrollieren.

Schwarze wurden zwar während des Zweiten Weltkriegs eingesetzt, doch ohne Waffen. Sie wurden, wie immer, als Handlanger und Sanitäter, besser gesagt, als Bahrenträger, benutzt.

Doch für Südafrika – Schwarz wie Weiß – hatte der Kampf erst begonnen. 1944 gründeten junge ANC-Mitglieder eine Jugendgruppe. Sie waren entschlossen, ihre Partei zu veranlassen, mehr als nur Bittbriefe an die Regierung zu richten.

Mitglieder der Jugendgruppe waren unter anderen Nelson Mandela, Oliver Tambo und Robert Sobukwe. Mandela und Tambo, Freunde und später Partner in einem Johannesburger Rechtsanwaltsbüro, sind die bekanntesten der ANC-Führer geworden. Mandela wurde 1963 zu lebenslanger Haft verurteilt. Tambo wurde im Exil ANC-Präsident. Sobukwe aber zerstritt sich mit den Freunden und der Partei, trat 1959 aus und gründete den Pan Africanist Congress (PAC).

Grund des Streites war eine Allianz, die der ANC mit anderen politischen Parteien in den 50er Jahren geschlossen hatte. 1955 erließ diese Allianz die Freiheitscharta, die noch heute als Basis des ANC gilt. Sobukwe störte es, daß es dort hieß: „Südafrika gehört allen, die dort leben." Er befürchtete einen zu starken Einfluß der kleinen weißen kommunistischen Gruppe. Vor allem jedoch bestand er darauf, daß das Land nur den Schwarzen gehöre.

Bereits im Jahr 1952 hatte der ANC eine Widerstandskampagne begonnen, die sich gegen die Paßgesetze richtete. Tausende gingen freiwillig wegen Verstößen gegen diese Bestimmungen ins Gefängnis, vor allem Frauen, auf die zum ersten Mal diese Gesetze angewandt wurden.

Die 50er Jahre waren unruhig. Ein Hochverratsprozeß wurde gegen 156 Führer der Kongreßallianz – Mitglieder aller Rassen – inszeniert und nach vier Jahren Dauer mit dem Freispruch aller Angeklagten beendet.

Selbst dieses Ereignis war inzwischen durch ein gewichtigeres überholt. Für den 21. März 1960 hatte der PAC einen Demonstrationstag gegen die Paßgesetze angesetzt. Dabei kam es in Sharpeville, einem Schwarzenwohn-

ort im Transvaal, zu einer Polizeiaktion, bei der 69 Menschen umkamen; zum Teil wurden Frauen und Kinder hinterrücks erschossen und viele verletzt. Zum ersten Mal gingen Schlagzeilen über Apartheid durch die Welt. Zum ersten Mal wurde die Weltöffentlichkeit darauf aufmerksam gemacht, daß aufgrund einer Reihe von Gesetzen ein Mensch in Südafrika nur dort leben, arbeiten oder sich aufhalten kann, wie es nach seiner Hautfarbe festgelegt ist.

Der ANC, tiefer als der PAC im Volk verwurzelt, rief zu einem Tag der Trauer auf. Die Regierung schien zuerst verwirrt; die Paßgesetze wurden für einige Tage aufgehoben. Doch dann schlug sie zu. Tausende von Anti-Apartheid-Aktivisten wurden inhaftiert, und vor allem PAC-Anhängern wurde der Prozeß gemacht. Der ANC und der PAC wurden verboten.

Die Zeit des gewaltlosen Widerstandes von 1912 bis 1960 war damit beendet. Beide Parteien gingen in den Untergrund und ins Exil, beide sagten den bewaffneten Kampf an. Pogo („rein“), eine dem PAC nahestehende Organisation, verübte mehrere Gewaltaten. Umkhonto we Sizwe, „der Speer der Nation“, der militärische Flügel des ANC, wurde von Mandela angeführt. Dafür wurde er einige Jahre später zu lebenslanger Haft verurteilt.

Der ANC und der PAC wurden 1963 von der Organisation für die Einheit Afrikas (OAU) als Befreiungsbewegungen anerkannt und haben seit 1972 Beobachterstatus bei der UNO.

Nach „Sharpeville“ gab es zunächst eine Kapitalflucht aus der Republik Südafrika, aber bald danach begann die südafrikanische Wirtschaft mit Hilfe neuer ausländischer Investitionen aufzublühen. Aus einer Agrarwirtschaft wurde eine bergbau-industrielle Gesellschaft. Schon während und nach dem Zweiten Weltkrieg hatte sich eine neue industrielle Entwicklung abgezeichnet. Nach „Sharpeville“ machte die Entwicklung weitere Fortschritte, sodaß in den 70er Jahren Südafrika hochtechnologisiert war. Nur zum Teil wurde die schwarze Arbeiterschaft miteinbezogen. Der Transfer der Technologie aus dem Westen war auf die weißen Südafrikaner ausgerichtet.

In „Weiß“-Südafrika lebten stets mehr Schwarze, die weder in einem „Heimatland“ geboren waren, dort Familie hatten noch jemals einem solchen Gebiet leben wollten. „Weiß“-Südafrika kümmerte sich wenig darum, sondern arbeitete weiter nach dem Prinzip der territorialen Trennung, die aber praktisch niemals durchführbar war und zur Zwangsumsiedlung und tiefem Elend von Millionen führte.

Die Resultate — immer stärkere Proteste im Ausland, Streiks während der 70er Jahre und der Aufstand der Jugendlichen in Soweto am 16. Juni 1976, der monatelangen Unruhe, über 500 Tote und Tausende von Exilexistenzen zur Folge hatte, — schienen an der Apartheidsstrategie nichts zu ändern.

In den 80er Jahren versprach der Premier P.W. Botha Reformen, die aber lediglich eine neue Verfassung im Jahr 1984 bedeuteten, die „Mischlingen" und Indern einige Rechte in der Zentralregierung einräumten, Botha vom Premier zum Präsidenten beförderten und die weißen Privilegien weiter verankerten. Die wichtigsten Bothareformen waren eigentlich die Änderungen der Arbeitergesetze und die Zulassung von schwarzen Gewerkschaften.

Im September 1984 wurde die neue Drei-Kammerverfassung eingeführt. Für die Schwarzen — Afrikaner, „Mischlinge", Asiaten — war es der Auftakt zu einem Aufstand, der zwar erwartet, aber zunächst unterschätzt worden war.

In einigen schwarzen Vororten brachen Unruhen aus, die wie immer unterdrückt wurden. Doch diesmal brach die Kette der Unruhen nicht mehr ab. Der Einsatz des Militärs in den Wohnorten der Schwarzen machte deutlich, daß es sich um einen Bürgerkrieg handelte. Im Januar 1985 rief der ANC aus dem Exil das Volk auf, Südafrika unregierbar und Apartheid unmöglich zu machen. Die Taktik der Opposition gegen die Apartheid nahm verschiedene Formen an — Schulboykott, Konsumboykott und Versuche, sich in den schwarzen Vororten selbst zu verwalten.

Innerhalb von zwei Jahren bewies die schwarze Mehrheit, daß das vom ANC programmierte Ziel zu erreichen war, aber zu einem schrecklichen Preis! Die Anzahl der Toten und Verletzten in den schwarzen Gebieten — afrikanische städtische Ghettos, „Mischlingsgebiete", „Heimatländer" — stieg zwischen September 1984 und Mitte 1986 auf etwa 2.000. Im Nordtransvaal detonierten im November 1984 die ersten Landminen. Im Dezember 1985 explodierte eine Bombe in einem Verkaufszentrum in Durban und verletzte weiße Zivilisten. Der ANC hatte von 1961 an stets erklärt, Umkhonto we Sizwe („MK" genannt) greife Militärziele, nicht aber Zivilisten an. 1986 wurde zum „Jahr von MK" ernannt, und zwar am 8. Januar, dem 74. Jahrestag der Gründung der Organisation.

Im Lauf dieser zwei Jahre wurde es immer deutlicher, daß Verhandlungen zwischen der Minderheitesregierung und der schwarzen Mehrheit nicht ohne den ANC stattfinden können.

Nach dem ersten Besuch von Geschäftsleuten aus Südafrika in Lusaka im August 1985 reisten auch Kirchenführer, Studenten, Gewerkschaftler und selbst ein Bantustanführer dorthin. In London wurde im Juni 1986 der ANC Präsident Oliver Tambo zum ersten Mal von einer Ministerin im Kabinett Margaret Thatchers empfangen.

Eine Kampagne, die Freilassung von Nelson Mandela und seiner Kameraden zu erzielen, wurde nicht nur von Solidaritätsgruppen überall auf der Welt, sondern auch von westlichen Regierungen unterstützt. Die Regierung Botha geriet in ein Dilemma: es war unmöglich, den bekanntesten Gefangenen des Landes zu entlassen, ohne das Risiko einzugehen, daß dies direkt zu einer Mehrheitsregierung führen könne und damit zum Ende der weißen Vorherrschaft.

Dieses Dilemma wurde im Laufe des Juli 1986 noch deutlicher, als sich der Ruf nach Sanktionen gegen Südafrika weltweit wie ein Lauffeuer ausbreitete; zum Entsetzen der Industrieländer, vor allem Großbritanniens, der Bundesrepublik und der Vereinigten Staaten.

Im Juni 1986 führte die Botha-Regierung in Pretoria drakonische Maßnahmen ein, indem sie am 12. Juni den Ausnahmezustand verhängte; ein Versuch, der Unruhen Herr zu werden. Innerhalb von vier Wochen wurden mehrere Tausend Menschen inhaftiert, doch die Auseinandersetzungen hielten an, und etwa 114 Menschen starben innerhalb von vier Wochen nach der Verhängung des Ausnahmezustandes.

Die ersten „Unruhen" waren nicht nur Straßenaktionen oder Demonstrationen gegen die Polizei, die von der Armee unterstützt wurde, sondern auch drastische Vergeltungsmaßnahmen gegen Informanten und Marionetten des Apartheidregimes. „Banturäte" mußten genau wie schwarze Polizisten aus den schwarzen Vororten flüchten, ihre Häuser wurden in Brand gesteckt. Die entsetzliche Strafe der „brennenden Halskrause" wurde von Jugendlichen für Kollaborateure eingesetzt.

Die Strategie der Sicherheitskräfte wurde differenzierter. Nachdem sie zu Beginn der Aufstände mit bissigen Hunden und Peitschen auf Jugendliche, Frauen und Kinder losgingen, fingen die Polizisten später an, Schwarze gegen Schwarze aufzuhetzen. Sie benutzten das bewährte Motto „teile und herrsche", bewaffneten konservative Elemente gegen die aufständische Jugend und halfen diesen bei Auseinandersetzungen wie zum Beispiel in dem illegalen Lager von Crossroads bei Kapstadt im Juni 1986.

Je stärker der Druck der internationalen Weltöffentlichkeit wurde, desto schwächer wurde der Versuch der Regierung Botha, einen echten Wandel herbeizuführen. Im Juli 1986 empfing der südafrikanische Präsident zwar den britischen Außenminister Sir Geoffrey Howe, der im Auftrag seines Landes sowie der gesamten EG und nach Rücksprache mit dem amerikanischen Präsidenten Ronald Reagan angereist war. Sir Geoffrey verlangte die Freilassung von Mandela, die Legalisierung des ANC und Verhandlungen zwischen Südafrikanern aller Rassen über ihre Zukunft.

Präsident Botha verschanzte sich in seinem „Laager". Er erklärte, er könnte dem Druck der Außenwelt nicht nachgeben. „Wir sind kein Volk von Quallen", sagte er – und mit dem Wort „Volk" meinte er „die Weißen".

In einem freien Südafrika wird der ANC eine wichtige Rolle spielen, denn bereits seine Gründer hatten erkannt, daß alle Südafrikaner „ein Volk" sind – und die Freiheitscharta unterstrich, daß alle Südafrikaner gemeint sind.

Neben dem ANC, gab es auch andere Oppositionen gegen die weiße Gesellschaft und deren Anspruch auf die totale Herrschaft.

Die *National Union of South Afrikan Students – NUSAS (Nationale Union südafrikanischer Studenten)* wurde 1924 gegründet, und zwar als ein Versuch, eine Brücke zwischen afrikaans- und englischsprachigen Studenten zu bilden. Als die Frage der Mitgliedschaft schwarzer Studenten 1933 erwogen wurde, traten die afrikaanssprachigen Studenten aus. NUSAS nahm von 1945 schwarze Studenten auf, wurde zum Sprachrohr liberaler, englischsprachiger Studenten und machte in den 70er Jahren eine radikalere Wendung; sie wurde militant und solidarisierte sich mit der schwarzen Jugend.

Black Sash (Schwarze Schärpe) wurde in den 50er Jahren von weißen bürgerlichen Frauen gegründet. Hauptarbeitsgebiet ist die Beratung der schwarzen Stadtbewohner in Fragen der Apartheidsgesetzgebung und ihrer individuellen Rechte.

End Conscription Campaign (Beendet den Militäraufruf) wurde zu Beginn der 80er Jahre nach einem Aufruf von Black Sash gegründet und spielte u. a. unter den englisch-stämmigen Weißen eine immer größere Rolle bis hin zur Verhängung des Ausnahmezustandes im Juni 1986. Bereits zwischen 1978 und 1982 wurden etwa 5.000 Menschen wegen Kriegsdienstverweigerung vor Gericht gestellt. Junge Männer weigerten sich zunehmend, andere flüchteten über die Grenze. In London und Amsterdam, auch in Skandinavien findet man „war resister"-Flüchtlinge.

Die Federation of South African Women (Föderation der südafrikanischen Frauen), eine Organisation führender Frauen aller Rassen innerhalb der Kongress Allianz, wurde 1954 gegründet. Der Höhepunkt der Arbeit war der Marsch von etwa 20.000 Frauen am 9. August 1956 – später der „Tag der südafrikanischen Frau" genannt – an dem Frauen vor Pretorias Verwaltungsgebäude, Union Buildings, gegen die Paßgesetze, die auch auf Frauen angewandt werden sollten, demonstrierten (Streitlied: Strydom, Du hast die Frauen angefaßt, bist auf Granit gestoßen, hast einen Felsen ins Rollen gebracht, der dich zermalmen wird"). Die Föderation mußte sich gegen Ende der 50er Jahre auflösen.

Das *National Forum,* NF ist ein loser Zusammenschluß von afrikanischen Frauen-, Schüler- und Studentengruppen, die dem PAC nahestehen. Sie wollen ohne Hilfe der Weißen eine egalitäre Gesellschaft erreichen. Sie sind der Überzeugung, daß die Weißen aufgrund ihrer politischen und wirtschaftlichen Stellung sonst dominieren würden.

1921 später wurde die Kommunistische Partei gegründet. Zu Beginn war es eine kleine Gruppe, deren Mitglieder fast alle Emigranten aus Osteuropa waren. Die Partei hatte keine Rassenschranken und begann, Abendkurse für

Afrikaner anzubieten. Obwohl die südafrikanische Kommunistische Partei nie eine Massenpartei wurde, war ihr Einfluß wichtig. 1950 wurde sie verboten. Eine neue Gruppe, der Kongress der Demokraten *(Congress of Democrats, COD)* wurde 1953 gegründet. Viele Mitglieder der KP schlossen sich dieser Gruppe an. Der COD wurde Mitglied der Kongreß-Allianz und nahm an dem Treffen 1955 teil, das die Freiheitscharta akzeptierte. Der Hochverratsprozeß des Jahre 1956 war auf Grund dieser Charta, die als Hochverrat angesehen wurde, inszeniert worden. 1962 meldete sich die Partei aus dem Untergrund mit einem Programm, „Der Weg in die Freiheit" genannt. Sie unterstützt die Ziele des ANC.

Die *Liberal Party (Liberale Partei)* unter Vorsitz des bekannten Schriftstellers Alan Paton wurde ebenfalls 1953 gegründet, aber in den 60er Jahren aufgelöst, nachdem ein Gesetz Parteien mit gemischtrassiger Mitgliedschaft verbot. Einige junge Mitglieder der Liberalen Partei hatten ohne Wissen der Führerschaft eine Sabotagegruppe gegründet, die Bewaffnete Widerstandsbewegung *(Armed Resistance Movement, ARM)*, deren Mitglieder vornehmlich („weiße") Studenten, Journalisten oder Universitätslehrer waren. Die Bewegung wurde von der Geheimpolizei infiltriert, und mehrere Mitglieder wurden zu langen Gefängnisstrafen verurteilt.

Black Consciousness Movement (BCM) – die Bewegung des schwarzen Bewußtseins. Das BMC entwickelte sich aus einer schwarzen Studentenorganisation, der South African Students' Organisation (SASO). Die Studenten traten 968 aus NUSAS mit der Begründung aus, schwarze Studenten seien zu selbstverständlich, Weißen gegenüber unterwürfig und müßten sich von ihren Minderwertigkeitskomplexen (den Weißen gegenüber) erst einmal selbst befreien.

„Schwarz" wurde als Afrikaner, „Mischling" und Asiate definiert. Die Bewegung verlangte die „Entsklavung" und „Dekolonisierung" der Schwarzen im psychologischen Sinn, damit sie „aufrecht gehen könnten".

Unter dem Banner der Bewegung wurden Organisationen von Schülern, Frauen, Theologen und Lehrern gegründet sowie Bürgerinitiativen und eine politische Partei, die Azanian People's Organisation (AZAPO) – die Organisation der Azanien.

1977 wurden fast alle BCM Gruppen unter Bann gestellt und ihre Führer verhaftet. Tausende flüchteten ins Exil und schlossen sich dem ANC oder PAC an.

Führend in der Bewegung waren Steve Biko, der 1977 in der Haft zu Tode gefoltert wurde, und Barney Pityane, der sich im Exil dem ANC anschloß.

Die Bewegung des Schwarzen Bewußtseins wird als eine wichtige Phase im Befreiungskampf angesehen.

Azanians People's Organisation (AZAPO)

Im Mai 1978 gegründet, wurde die AZAPO sofort unter Druck gesetzt. 1983 übernahmen ehemalige politische Häftlinge die Führung. Die AZAPO organisierte die Opposition gegen die Botha-Verfassung von 1983. Wie der PAC lehnte die AZAPO die Freiheitscharta ab. Während des Ausnahmezustandes 1986 wurden viele Führer und Mitglieder verhaftet.

Die United Democratic Front (UDF)

Die Vereinigte Demokratische Front wurde 1983 gegründet, um gegen die neue Verfassung einen Wahlboykott zu organisieren. Sie besteht aus über 600 Mitgliedsorganisationen, die von großen Gruppen wie Gewerkschaften und Kirchen bis zu Bürgerinitiativen reichen. Die UDF wurde innerhalb kurzer Zeit zur größten demokratischen Macht innerhalb des Landes, die offen arbeiten konnte. Die Regierung warf der UDF vor, eine „Front" des ANC zu sein. Wichtige Führer der UDF sind u. a. Dr. A. Boesak und Albertina Sisulu. Viele Mitglieder der Organisation wurden seit 1984 verhaftet, vor allem nach der Verhängung des Ausnahmezustandes im Juni 1986.

Inkatha Ye Nkululeko Ye Sizwe (INKATHA)

Die Nationale Kulturelle Befreiungsbewegung ist die Regierungspartei in KwaZulu unter Führung des Häuptlings Mangosuthu (früher Gatsha) Buthelezi, der angibt, Inkatha sei eine Oppositionspartei, die einen gewaltlosen Wandel erzielen will, doch überwiegend ethnische Interessen der Zulu vertritt. Buthelezi lehnt zwar Apartheid ab, ist aber bereit, innerhalb des Bantustansystems zu arbeiten. Buthelezi forderte im Lauf des Jahres 1986 die Freilassung Mandelas, erklärte sich aber auch bereit, innerhalb des neuen Nationalrates für Afrikaner, den Botha vorgeschlagen hatte zu arbeiten. Inkathamitglieder griffen UDF-Anhänger innerhalb schwarzer Ghettos an.

Buthelezi lehnt internationale Sanktionsforderungen ab und wird in westlichen Ländern als „moderater" Führer angesehen.

Gewerkschaften

Die Gewerkschaftsbewegung in Südafrika ist in rassische und nichtrassische Gruppen einzuteilen.

Vor Beginn der Industrialisierung an wurden Rassenschranken zwischen schwarzen, „farbigen" und indischen Arbeitern gezogen. Die Entstehung der ersten Gewerkschaften für weiße Facharbeiter war deswegen mit der Forderung verbunden, diese Rassenschranken beizubehalten und sie zu verstärken.

Das „Arme-Weiße-Problem" nach dem Burenkrieg führte ebenfalls dazu, die Arbeitseinteilung so zu gestalten, daß Weiße begünstigt wurden.

Im Jahr 1922 streikten weiße Arbeiter in den Bergwerken. Streikende sowie arbeitlose, arme Weiße kämpften gegen die Armee, wurden besiegt und einige ihrer Führer hingerichtet, andere deportiert.

Ein Jahr später folgte die Arbeitsgesetzgebung (Industrial Conciliation Act), die zwar die Stellung der weißen Arbeiter stärkte, aber die Entwicklung einer starken gemeinsamen Gewerkschaftsbewegung behinderte.

Der *Trade Union Council Of South Africa* (TUCSA) – Gewerkschaftsrat von Südafrika – wurde nach der Gesetzgebung über die Arbeitsplatzreservierung im Jahr 1954 gegründet und war jahrelang eine Dachorganisation von Gewerkschaften, die Afrikaner ausschlossen, die später aber „parallel" schwarze Gewerkschaften akzeptierte.

1919 gründete Clements Kadalie aus Njassaland (heute Malawi) die erste Gewerkschaft für alle Afrikaner, die *Industrial and Commercial Workers Union*, die bis in die 30er Jahre bestand.
Wichtige Gewerkschaftsverbände sind heute:

Die *South African Confederation Of Labour* (SACLA) – Südafrikanische Arbeiter Föderation – wurde 1957 als Pro-Apartheid Dachorganisation weißer Gewerkschaften gegründet.

Die wichtigste Organisation der 50er Jahre war der *South African Congress Of Trade Unions* (SACTU) – der südafrikanische Gewerkschaftskongress, der dem ANC eng verbunden ist. Er arbeitet seit 1964 im Untergrund und im Exil.

Nach der Streikwelle des Jahres 1973 bildeten sich neue Gewerkschaften. 1979 untersuchte die Wiehahn-Kommission die Lage schwarzer Arbeiter und schlug vor, schwarze Gewerkschaften zu erlauben, sie aber zu kontrollieren. Neue Bestimmungen führten zur Entwicklung neuer Gruppen, vor allem der ersten Massengewerkschaft in den Bergwerken. Im Jahr 1985 schlossen sich 14 militante Gewerkschaften zum *Congress Of South African Trade Unions* (COSATU) zusammen.

Etwa neun Gewerkschaften sind Mitglieder des *Council Of Unions Of South Africa* (Südafrikanischer Gewerkschaftsrat) und der *Azanian Confederation Of Trade Unions* (Azanische Föderation von Gewerkschaften).

„Weiße" Parteien

Die *Nasionale Party (NP – Nationale Partei)* ist seit 1948 die Regierungspartei. Damals gewann eine Koalition der Gesuiwerde Nasionale Party (Führer D.F. Malan) und der kleineren Afrikaner Party (Führer N.C. Havenga) die Wahl gegen Smuts' United Party. Im Jahr 1951 wurde die AP ein Teil der Nasionalen Party.

Die NP ist keine Einheitspartei der Afrikaaner, sondern vielmehr eine Föderation regionaler nationaler Parteien. Jede Provinzpartei hat ihren eigenen Charakter. Das wird auch aus der Geschichte der Provinzen verständlich.

Präsident Pieter Willem Botha ist Führer der Kap-NP sowie Führer der gesamten NP.

Die *Progressive Federal Party* (PFP) – Fortschrittliche Föderative Partei – bildet die offizielle Opposition im weißen Parlament. Sie vertritt die Interessen der liberaleren Wirtschaftelemente und ist, dank der Unterstützung von Harry Oppenheimer – eng mit dem Multi Anglo American Corporation verbunden. Die PFP akzeptiert das allgemeine Wahlrecht, aber mit bestimmten Einschränkungen, um die weiße Minorität zu schützen.

Der PFP-Führer Dr. Frederick van Zyl Slabbert besuchte Lusaka im Jahr 1985 und führte Gespräche mit dem ANC: Er trat zu Beginn 1986 von seinem Posten zurück, da er das Parlament für nicht akzeptabel hielt. Helen Suzman, PFP-Sprecherin für Menschenrechte, vertrat die Partei von 1961 bis 1974 allein im Parlament.

Die *New Republic Party* (NRP) – New Republikspartei – ist eine kleine Oppositionspartei, die auf den Überbleibseln der einst großen *United Party* (UP) – Vereinigte Partei –, geführt von General Smuts, basiert. Vor allem in Natal beliebt, unterstützt die NRP die Bothareformpolitik. Sie war eine der Gruppen, die 1986 an Verhandlungen über eine neue, nichtrassische Natalversammlung teilnahmen, zu denen Buthelezi eingeladen hatte.

Die *Konserwatie Party* (KP) – Konservative Partei von Südafrika – wurde 1982 gegründet und steht rechts von der NP. Sie lehnte die Verfassung von 1983 mit den drei „Rassenkammern" – und also die Teilung der weißen Macht – ab, stimmt jedoch einigen Änderungen der Wirtschafts- und Gesellschaftsstrukturen zu. Führer ist Dr. Andries Treurnicht, ehemaliger Führer der Transvaal-NP und ehemaliges Mitglied der Botharegierung.

Die *Herstigte Nasionale Party* (HNP) – Neu gebildete Nationale Partei – wurde 1962 als Ergebnis der Spaltung zwischen den liberalen „verligte" und konservativen „verkrampte" Elementen innerhalb der NP gegründet. P.W. Botha vertrat die liberale Strömung, NP-Politiker wie Dr. Treurnicht die konservative. Führer der HNP ist Jaap Marais.

Der wesentliche Unterschied zwischen KP und HNP ist die Forderung der HNP, zur „reinen" Apartheid zurückzukehren. Beide Parteien gewannen im Zuge der Bothareformen an Gefolgschaft, vor allem beim afrikaanssprachigen Kleinbürgertum und bei den Farmern.

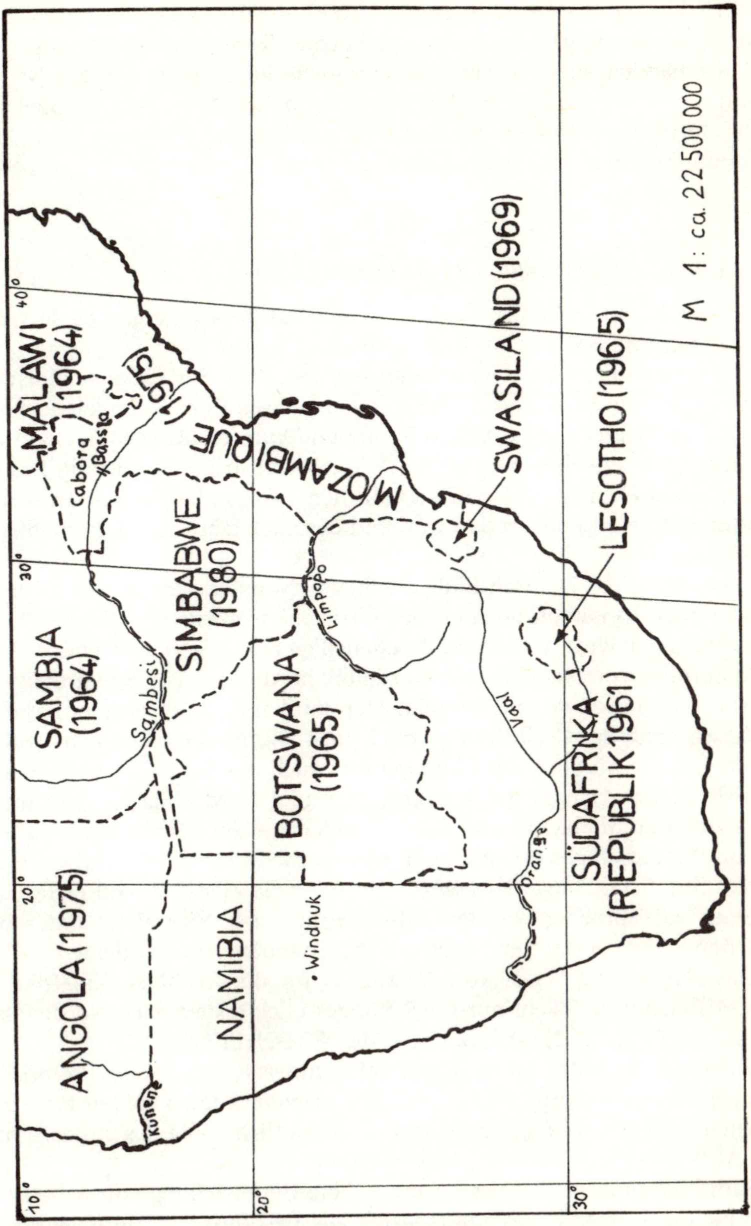

Heutige Staaten im südlichen Afrika und Jahre ihrer Unabhängigkeit

Die *Afrikaaner Weerstand Beweging* (AWB) – Afrikaaner Widerstandsbewegung – entstand 1979. Ihr Führer ist Eugene Terreblanche, ehemaliger Polizist. Es handelt sich um eine halbterroristische Vereinigung. Sie ist rassistisch, antisemitisch und faschistisch. Eine militärische Untergruppe nennt sich „stormvalke". Wie die KP und HNP gewann sie 1986 infolge der Bothareformpolitik und der Unruhen an Popularität.

Südafrikas Interessenpolitik im südlichen Afrika

Die Kolonialzeit balkanisierte das südliche Afrika. Heute gibt es dort, Südafrika eingeschlossen, zehn Staaten. Es sind

- die sogenannten Satellitenstaaten der Republik Südafrika – Botswana, Swasiland und Lesotho. Diese standen während der Kolonialepoche unter dem Schutz der britischen Krone und wurden als sog. Hochkommissargebiete verwaltet. Es war stets die Absicht in London wie in Pretoria, daß diese Gebiete in Südafrika aufgehen sollten, doch die Apartheidspolitik verhinderte das, sodaß während der 60er Jahre alle drei unabhängig wurden.
- Das ehemalige Deutsch-Südwest, heute Namibia, illegal von Südafrika verwaltet. Es kämpft noch um seine Unabhängigkeit.
- Entlang der West- und Ostküste ehemalige portugiesische Gebiete, Angola nördlich von Namibia und Mosambik nordöstlich von Südafrika.
- Malawi, Simbabwe und Sambia. Man muß sich daran erinnern, daß die Gesellschaft des Cecil Rhodes, die British South Africa Company (BSAC), die Gebiete nördlich des Limpopo und auch des Sambesi seit 1890 kolonisiert hatte. Damals wurden diese Süd- und Nordrhodesien genannt. Sie heißen nun Simbabwe und Sambia. Malawi, früher Njassaland, wäre Teil von Rhodesien geworden, hätten schottische Missionare nicht verhindert, daß ihre Schützlinge der BSAC, also einer Gesellschaft, und nicht einem Staat zugesprochen wurden. Also wurde auch Njassaland unter britischen Schutz gestellt und später in die Unabhängigkeit entlassen.

Das „Hinterland " war von Anfang an für die Republik Südafrika von großer Bedeutung. Nicht nur Cecil Rhodes blickte stets nach Norden; auch seine Nachfolger in der Politik wie in der Wirtschaft taten das.

Während der 60er Jahre dieses Jahrhunderts entwickelte Pretoria das Konzept der „co-prosperity sphere". Die Nachbarstaaten sollten zwar ihren eigenen politischen Weg gehen, aber wirtschaftlich sollte das gesamte südliche Afrika von Pretoria aus gelenkt werden.

Südafrika braucht das Hinterland für die Bereitstellung von Arbeitskräften, für die Wasserversorgung (speziell aus Lesotho), als Absatzmarkt und als Durchgangsgebiet für den Handel mit anderen afrikanischen Staaten.

Südafrika benutzt den Hafen von Maputo für den Export von Agrarprodukten aus dem Transvaal.

Die großen Wasserkraftwerke der Gesamtregion sollen zu einem Elektrizitätsversorgungsverbund zusammengschlossen und eine zentrale Planungsstelle für die Industrie gegründet werden. Der bestehende Zollverein mit Swasiland, Lesotho und Botswana soll erweitert werden.

Während der Smith-Ära (seit 1965) hatte sich Simbabwes Handel mit Südafrika verstärkt, und die Republik ist noch immer Simbabwes größter Handelspartner. Drei der Nachbarn sind mit Südafrika durch ein Zollabkommen verbunden, das diesen Ländern eine wichtige Einkommensquelle eröffnet. Lesotho ist fast total von Südafrikas Produktion abhängig und liefert vor allem die Arbeitskraft seiner jungen Männer nach Südafrika. Selbst Mosambik ist wirtschaftlich mit Südafrika verbunden: zum Beispiel liefert das Cabora Bassa Kraftwerk Elektrizität nach Südafrika (wenn die Leitung nicht durch Sabotage unterbrochen ist). Maputo aber bezieht seinen elektrischen Strom aus Südafrika. Sambias Kupferminen wurden mit südafrikanischem Know-how und Kapital entwickelt. Sambia ist noch immer von südafrikanischen Konsumgütern abhängig. Um diese Abhängigkeiten zu vermindern, gründeten die neun Staaten des Hinterlandes gemeinsam mit Tansania 1980 eine Gemeinschaft für wirtschaftliche Zusammenarbeit, die Southern African Development Coordination Conference (SADCC).

Natürlich ist Südafrika keineswegs mit der SADCC einverstanden. Botha schlug als Alternative eine „Konstellation“ vor, die auch die „Heimatländer“ einschließen sollte. Die Idee konnte nicht realisiert werden. Seit Mitte der 70er Jahre verfolgt Pretoria eine Politik der Destabilisierung des Hinterlandes. Bis 1974 bildete Südafrika Teil einer weißen Achse im südlichen Afrika – Portugal, Weiß-Südrhodesien und Südafrika. Innerhalb der portugiesischen Territorien sowie Südrhodesiens hatten während der 60er Jahre Widerstandskämpfe gegen die Kolonialregierungen begonnen. Im Jahr 1974 brachte der erfolgreiche Putsch in Lissabon die Machtverhältnisse im südlichen Afrika ins Wanken. Angola sowie Mosambik wurden unabhängig, in beiden Ländern kamen sozialistische Regierungen an die Macht. Dank der Befreiung von Mosambik konnten Guerillakämpfer in Simbabwe – damals Südrhodesien – eindringen, und namibische Freiheitskämpfer konnten nun vom Nachbarland Angola nach Namibia gelangen.

Südafrika eröffnete eine „zweite Front“ im Ausland, um die Verteidigung der Apartheid fortzusetzen. In Angola wie in Mosambik wurden Anti-Regierungsgruppen unterstützt und Kämpfer ausgebildet. Südafrikanische Kommandos verübten Sabotageakte. Auf die ganze Region wurde wirtschaftlicher Druck ausgeübt.

Während der 80er Jahre, im Zuge der verstärkten Militarisierung des Staates, trieb Botha die Destabilisierung der Region voran. Das Ziel war, dem ANC alle Stützpunkte im Hinterland zu entziehen, indem die Regierungen verunsichert und unter Druck gesetzt wurden. Die Drohung, Maßnahmen gegen jene Länder zu ergreifen, die dem ANC – und im Fall von Namibia, der Befreiungsbewegung SWAPO – Schutz gewährten, wurde in die Tat umgesetzt. Im Mai 1986 wurden gleichzeitig Angriffe auf angebliche ANC-Stützpunkte innerhalb Sambias, Simbabwes und Botswanas ausgeführt, zu einem Zeitpunkt, als internationale Versuche unternommen wurden, die Probleme Südafrikas durch Vermittlung zwischen der Regierung in Pretoria und dem ANC zu lösen.

Angola wurde immer häufiger angegriffen und die dort oppositionelle UNITA ausgebildet und materiell unterstützt. In Mosambik wurden nicht nur gegen angebliche Stützpunkte des ANC Luftangriffe geführt, sondern eine Banditengruppe, die sog. Nationale Widerstandsbewegung, von der südafrikanischen Armee gegründet, ausgebildet und eingesetzt. Simbabwe erlebt wirtschaftlichen Druck: Eisenbahntransporte werden verzögert, Ersatzteile nicht geliefert und Infrastruktureinrichtungen wie die Verbindung mit Mosambik angegriffen.

Im gesamten südlichen Afrika führt Südafrika seit Mitte der 70er Jahre einen unerklärten Krieg. 1984 mußte Mosambik bei Nkomati einen Friedensvertrag mit Botha unterschreiben – obwohl es theoretisch keinen Krieg zwischen den beiden Ländern gegeben hatte. Mosambik war durch die Aktivitäten der Banditen (und aus anderen Gründen) so geschwächt, daß der hohe Preis – keine weitere Unterstützung des ANC – gerechtfertigt schien. Im Sommer 1986 gab die südafrikanische Regierung zu, sich nicht an ihren Teil des Abkommens – keine weitere Unterstützung der Widerstandsbewegung – gehalten zu haben.

Zu Beginn des Jahres 1986 erzwang Pretoria einen Regierungsumsturz in Lesotho.

Das Hinterland – sechs seiner Staaten charakterisieren sich mit Recht als „Frontstaaten" – ist durch Südafrika stark gefährdet. Die Frontstaaten wie inzwischen die gesamte OAU fordern internationale Sanktionen, um der Apartheidsregierung ein Ende zu bereiten und ein dem Völkerrecht entsprechendes Miteinander der Staaten der Region zu ermöglichen.

Ausblick

Der Wirbelsturm, der zu Beginn der 60er Jahre Afrika ergriff, erreichte endlich Mitte der 80er Jahre die Republik Südafrika und rüttelte an ihren Wurzeln – so der britische Außenminister Sir Geoffrey Howe während eines seiner Vermittlungsbesuche im Juli 1986 in Pretoria.

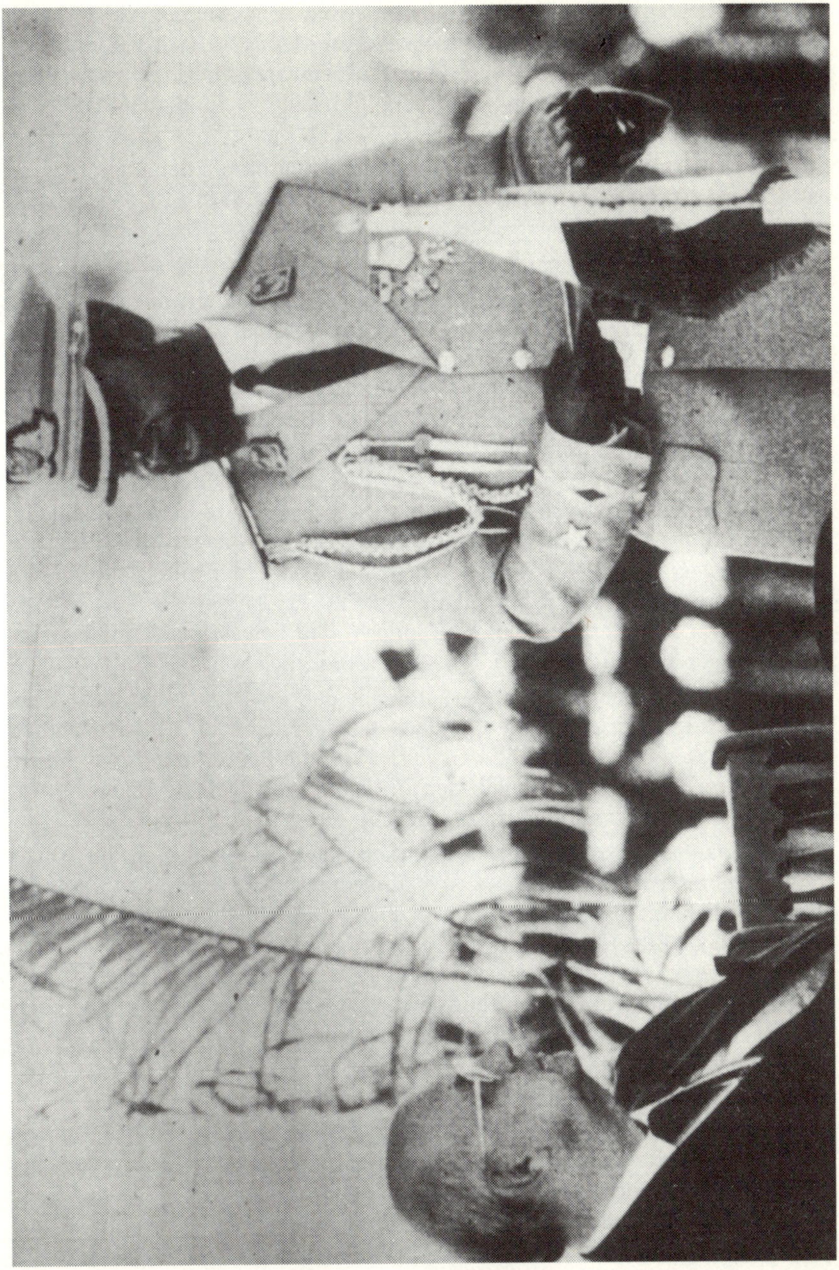

Der Wirbelsturm beutelt Südafrika nun schon lange. Immer wieder hat er Opfer mit sich gerissen, doch viele Menschen klammern sich fest und hoffen, sich ihm so widersetzen zu können. Die schwarze Mehrheit wird ihn als Gesamtheit überstehen – jene Afrikaner, „Mischlinge“ und Asiaten, die so verächtlich als „Nicht-Weiße“ bezeichnet werden.

Die Frage ist noch immer, in den Worten des Direktors der Anglo American Corporation, Dr. Zac de Beer (einstiger Politiker der PFP), „wie gelangt man von hier nach dort?“

Wie, das ist in der Tat die Frage.

Apartheid, wie Sklaverei, kann nicht reformiert, sondern nur abgeschafft werden. Der zögernde Versuch der Regierung Botha, schrittweise ein System zu ändern, das im Prinzip rassistisch und, wirtschaftlich betrachtet, ausbeuterisch ist, mußte scheitern. Nachdem Präsident Bothas Reformversuche „Ruhe und Ordnung“ nicht wiederhergestellt hatten und seine Strategie der „Konstellation der südafrikanischen Staaten“ für das Hinterland nicht die gewünschten Fortschritte gebracht hatte, machte er plötzlich im Juni 1986 einen Kurswechsel in die alte Richtung, die durch „kragdaadigheid“ – die starke Hand – gekennzeichnet ist. Die Laager-Mentalität aus der Zeit des Großen Treks setzte sich schließlich wieder durch: die Ideologie, erwachsen aus dem Überlegenheitsgefühl gegenüber den „Nicht-Weißen“, aber auch gegenüber den Engländern, und dem Wunsch, die eigenen Vorstellungen von einem freien Leben zu verwirklichen.

Innerhalb weniger Wochen erfreute sich der Präsident, inzwischen ein müder Siebziger, einer neuen Popularität. Die Falken in seinem Kabinett hatten den Sieg über die Tauben errungen und die Bedrohung durch die extrem rechte Bewegung innerhalb der afrikaanssprachigen Bevölkerung war dadurch zunächst vom inneren Kern der NP ferngehalten.

Botha nahm also zur Politik der starken Hand Zuflucht, ließ die Polizei hinter dem eisernen Vorhang des Ausnahmezustands gewähren, erklärte der Weltöffentlichkeit, das ginge sie alles nichts an, und auch Sanktionen könne man trotzen. Mitte Juli führte Südafrika stolz ein neues, selbst entwickeltes Kampfflugzeug vor, die Armscor. Die staatliche Waffengesellschaft war schon längst zum Waffenexporteur geworden, eine Folge des Waffenembargos der 60er Jahre, das Südafrika zur Selbstproduktion greifen ließ.

Wie im August 1986 offiziell bekanntgegeben wurde, sind seit Juni desselben Jahres mindestens 8.000 Personen inhaftiert worden. Wieviele von ihnen gefoltert und wie viele Hunderte in den schwarzen Vororten und in den „Heimatländern“ getötet wurden, wurde nicht gesagt, ist aber denen bekannt, die immer noch und immer wieder für Gerechtigkeit eintreten. Auch wenn Botha es auf dem Parteitag der NP im August 1986 anders hinstellte: Die Politik der starken Hand wird auf lange Sicht keine Lösung bringen.

Selbst Pretorias Handelspartner sind sich dessen seit 1985 bewußt. Präsident Reagans Politik des konstruktiven Engagements erwies sich als destruktiv. Er sagte in einer Rede am 22. Juli 1986, daß man das Ziel, die Apartheid damit zu beenden, nicht erreichen könne. Er teilt diese Ansicht mit der britischen Premierministerin Thatcher und dem deutschen Bundeskanzler Kohl.

Man denkt an die eigenen Interessen: Die Investitionen und Anleihen, private und staatliche, an die Rohstofflieferungen, die angeblich nur aus Südafrika kommen können – angeblich, weil man nicht bereit ist, andere Möglichkeiten zu untersuchen und in anderen Ländern in die nötige Infrastruktur zu investieren. Man möchte, wie vor allem Frau Thatcher stets betont, europäische Arbeitsplätze sichern.

Was sei wichtiger, fragte der sambische Präsident Kaunda, westliche Arbeitsplätze zu sichern oder das Leben Tausender Afrikaner zu schützen?

Sanktionen schränken die Beweglichkeit der südafrikanischen Regierung ein, genau wie die Aktivität von Umkontho we Sizwe oder die ständige Konfrontation mit den eigenen Bürgern sie einengt.

Im amerikanischen Senat wurde während der Sanktionsdebatte darauf hingewiesen, daß der Kurs der Regierung in Pretoria auf wirtschaftliches Chaos – auch ohne Sanktionen – zusteuere. Der Wert der südafrikanischen Währung sei dramatisch gesunken, neue Investitionen blieben aus, Kapitalflucht sowie Emigration nähmen dramatisch zu. Dennoch beschloß der Senat im August 1986 gezielte Sanktionen.

Zunächst müßte mit allen Schichten der Bevölkerung und deren anerkannten Führern verhandelt werden. Der erste Schritt dahin wäre die Aufhebung des Ausnahmezustandes und die Freilassung Nelson Mandelas und anderer politischer Gefangener und die Aufhebung der Bannung aller politischer Organisationen, vor allem des ANC. Eine nationale Versammlung, zu der bereits im ersten Jahrzehnt dieses Jahrhunderts aufgerufen wurde, um eine egalitäre Verfassung auszuarbeiten, wäre der nächste Schritt.

Die Wahl ist nun die zwischen einer weiteren „kragdaadigheid“ (starke Hand) oder Verhandlungen, die zu einer Mehrheitsregierung führen. Bis Mitte 1986 war die Regierung Botha für die erste Option nicht zu gewinnen gewesen, obwohl sie vereinzelt erfolgreich eingesetzt worden war. Mit dieser Politik war es gelungen, die städtische Jugend, die erstaunlicherweise seit Mitte der 70er Jahre die Leitung des schwarzen Aufstands übernommen hatte, durch Inhaftierung ihrer Führer und durch die Überwachung ihrer Treffen in den schwarzen Schulen zu verwirren. Doch solche kleinen Siege genügen nicht, um Südafrika davor zu bewahren, total in einem Bürgerkrieg zu versinken. Die Bomben, die seit Dezember 1985 in weißen Gebieten explodiert sind, zeigen, daß die Aufgebote der Sicherheitskräfte, staatlich wie privat, nicht jedes weiße Haus, jedes Büro oder jede Fabrik schützen können. „Kragdaadigkeid“ führt zur Zerstörung jener Infrastruktur, die die Weißen im Dienste ihrer Interessen aufgebaut haben; sie würde das Land zu einer Politik der verbrannten Erde und einer trostlosen Zukunft für alle Südafrikaner verdammen.

Ein Guerillakrieg im Stil von Irland und Libanon ist abzusehen. Er wird den wirtschaftlichen Niedergang Südafrikas fortsetzen und seine westlichen Partner entfremden, wenn sie keine Gewinne mehr machen und ihre Rohstofflieferungen verlieren.

Botha wird wahrscheinlich zurücktreten. Er wird entweder von einem NP Falken wie F.W. de Klerk abgelöst oder aber auch vom Militär selbst. Das Militär war bisher mit den Strategien Bothas einverstanden; schließlich regieren Generäle schon lange mit.

Die Frage ist, was die Außenwelt tun kann und tun wird. Sanktionen allein werden nicht das Ende der Apartheid bewirken, wohl aber dazu beitragen. Der Londoner „Economist“ schrieb im Juli 1986, daß die westlichen Länder Pretoria in kürzester Zeit wirtschaftlich ruinieren könnten: sie brauchten nur kein weiteres Gold mehr zu kaufen, ihre eigenen Goldreserven auf den offenen Markt zu bringen und so den Goldpreis zu drücken und damit Südafrika die wichtige Position im internationalen Handel zu entziehen.

Es gibt sicher auch andere Möglichkeiten. Sie sind aber noch nicht alle erforscht oder erprobt worden.

Für alle Südafrikaner ist die Aussicht, kurzfristig gesehen, düster. Langfristig müssen der ANC und andere Gruppen, die in Zukunft das Land regieren werden, mit all den Problemen fertig werden, die durch die Apartheid unterdrückt – oder erzeugt – wurden: die Probleme der landlosen Armen, der arbeitslosen Stadtbevölkerung, der Verteilung des Reichtums.

Die Jugend der Ghettos singt heute:

Diejenigen, die gegen uns sind,
wir werden mit ihnen abrechnen
am Tag, an dem wir unser Land zurückerobern,
ihre Namen sind aufgezeichnet.
Wenn es eine Ehrenliste unserer Helden gibt,
frag' ich mich, ob mein Name darauf stehen wird.
Ich frag mich, wie es sein wird, wenn wir
mit Tambo zusammen sitzen
und ihm über den Niedergang der Buren berichten.

WOMEN
UNITE

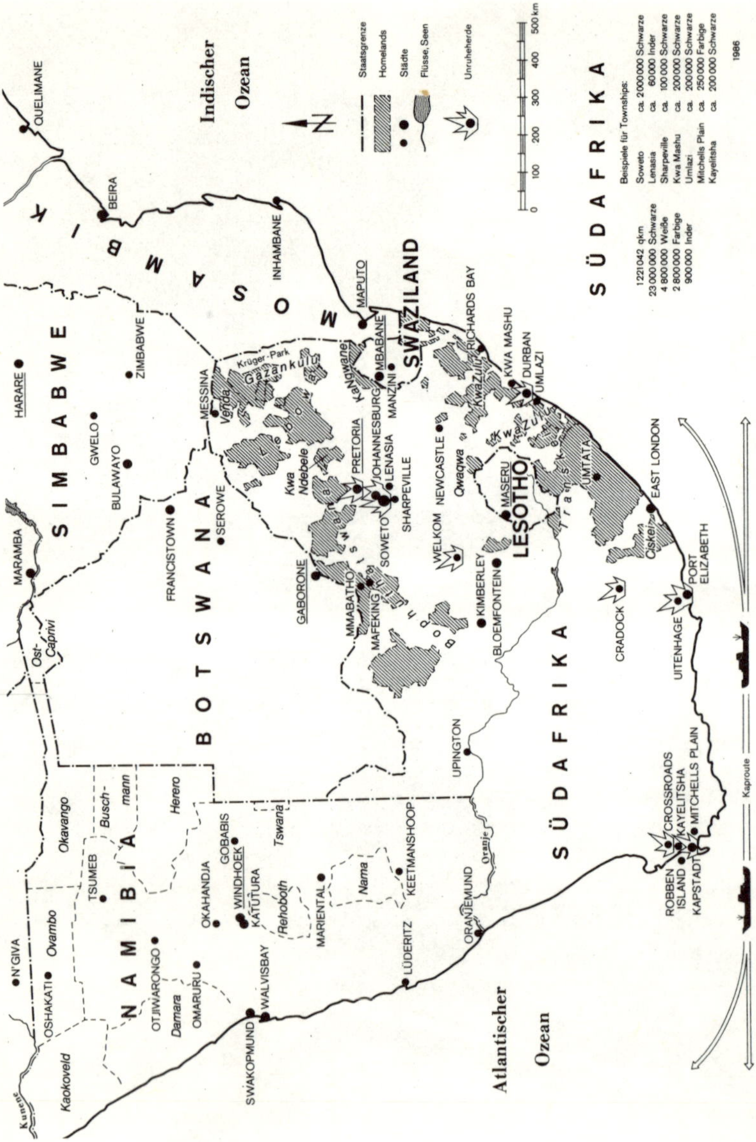

Südafrika 1986 „Heimatländer" und Brennpunkte des Widerstandes

Englischsprachige Quellen

Benson, Mary; **South Africa, the Struggle for a Birthright,** DAF (reprint), 1986

Bunting, Brian; **The Rise of the South African Reich,** Penguin, 1964

Davies, Rob, O'Meara, Dan, Dlamini, Sipho; **The Struggle for South Africa,** ZED Books, 1984

de Kiewit, C. W.; **A History of South Africa** (Social and Economic) OUP, 1957

de Klerk, W. A.; **The Puritans in Africa, A Story of Afrikanderdom.** Pelican, 1976

Denoon, Donald and Nyeko, Balam; **Southern Africa since 1800,** Longman, 1984

The Shaping of South African Society 1652-1820. Edited by Richard Elphick and Hermann Giliomee, Longman, 1979

Fisher, John; **The Afrikaners,** Cassell, 1969

Gouwenius, Peder; **Power to the People!** South Africa in Struggle. A pictorial history, ZED Press, 1981

Hirschberg, Walter; **Voelkerkunde Afrikas.** Mannheim 1965

Hanlon, Joseph; **Apartheid's Second Front,** Penguin, 1986

Lewis, Roy and Foy, Yvonne; **The British in Africa.** Weidenfeld & Nicholson, 1971

Lodge, Tom; **Black Politics in South Africa since 1945.** Longman, 1983

Marquard, Leo; **The Story of South Africa,** Faber & Faber, 1968

Masson, Madeleine; **Lady Anne Bernard.** George Allen & Unwin, 1948

McEvedy, Colin; **The Penguin Atlas of African History,** 1980

Sachs, Albie, Bernstein, Hilda; **Die Gesetze der Apartheid,** edition suedliches Afrika, ISSA 1976

Troup, Freda; **South Africa, A Historical Introduction.** Eyre Methuen, 1972

Walker, Eric. A.; **A History of South Africa,** Longmans, Green & Co. 1928

Wheatcroft, Godfrey; **The Randlords,** Weidenfeld & Nicholson, 1985

Ergänzende deutschsprachige Literatur in Auswahl

Allgemeines

Südafrika-Handbuch. Südafrika, Namibia, Zimbabwe. Politisches Lexikon, Bausteine für Aktion, Schule und Erwachsenenbildung, Filme, Dias, Spiele, Literatur, Adressen.
Wuppertal 1982, Jugenddienst Verlag, 444 S.
Südafrika heute. Zahlen, Daten, Argumente.
Ev. Missionswerk, Mittelweg 143, 2000 Hamburg 13, neueste Aufl. 1986

Südafrikanische Autorinnen und Autoren, deren Bücher leicht zugänglich sind:

Steve, Biko; Boesak, Allan; Kuzwayo, Ellen: **Mein Leben.** Subrosa Frauenverlag, 1985

Matthews, James: **Schattentage.** Weltkreis-Verlag, Dortmund 1985 u. a.

Ainslie, Rosalynde: **Kinder von Soweto.** Informationsstelle Südliches Afrika, 2. Aufl. 1981, Bonn

Benson, Mary: **Nelson Mandela.** rororo aktuell, Reinbek 1986

Bilger, Harald: **111mal Südafrika.** Piper, München 1982

Braund, Gerald; Kühne, Winfried: **Südafrikas unerklärter Krieg.** aus: Deutsches Übersee-Institut. Hamburg (Hrsg.): Jahrbuch Dritte Welt. 2. Auflage, Beck, München 1984

Brückner, Reinhard: **Südafrikas schwarze Zukunft.** Die Jugendunruhen seit 1976 – ihre Ursachen und Folgen, Otto Lembeck, Frankfurt/M. 1977

Callinicos, Luli: **Die Geschichte des Südafrikanischen Volkes.** Bd. 1. Gold in Südafrika. Schwarze Arbeit – weißer Reichtum. Informationsstelle Südliches Afrika. Bonn 1980

Cornevin, Marianne: **Apartheid, Mythos und Wirklichkeit.** Hammer, Wuppertal 1981

Falk, Rainer: **Südafrika — Widerstand und Befreiungskampf.** Darstellung und Dokumente mit einem Anhang zur Rolle der Bundesrepublik Deutschland. Pahl-Rugenstein, Köln 1986

Jaenecke, Heinrich: **Die weißen Herren.** 300 Jahre Krieg und Gewalt in Südafrika. Ein STERN-Buch. 5. Aufl., Hamburg 1986

Kienzle, Ulrich (Hrsg.); Braun, Joachim; Schumacher, Paul M.: **Südafrika. Weiße in der Wagenburg.** Droemersche Verlagsanstalt Th. Knaur. München, Zürich 1982

Ki-Zerbo, Joseph: **Die Geschichte Schwarz-Afrikas.** Hammer, Wuppertal 1979

Kühne, Windrich: **UN-Sanktionen und Hoffnung auf ‚friedlichen Wandel'.** Handlungsmöglichkeiten der westlichen Staaten gegenüber Südafrika. in: Vereinte Nationen, Koblenz 1983 1983, S. 108—114

Kurz, Manfred: **Indirekte Herrschaft und Gewalt in Südafrika.** Hamburg 1981

Lelyveld, Joseph: **Die Zeit ist schwarz.** Ullstein, Frankfurt/M., Berlin, Wien 1986

Rothe, Stefan: **Kirchen in Südafrika.** Entwicklungspolitische Korrespondenz, Hamburg 1986

Thomas, Wolfang H.: **Südafrikas Coloured-Bevölkerung.** Wirtschaftliche, soziale und politische Entwicklung, Hamburg 1980

Weiss, Ruth (Hrsg.): **Frauen gegen Apartheid.** rororo aktuell, Reinbek 1980

Wiedemann, Erich: **„Wir reiten, bis wir im Blut versinken":** Rassenstaat Südafrika, Hoffmann und Campe, Hamburg 1981

Orts- und Namensregister

Karten und Abbildungen **fett**

Weitere Veröffentlichungen von Ruth Weiss

Ein Lied ohne Musik.
Politische Autobiographie.

Burckhardthaus-Laetare-Verlag, Gelnhausen 1981

Die Frauen von Zimbabwe
Weismann Verlag — Frauenbuchverlag GmbH, München 1983

Hg.:
Frauen gegen Apartheid.
Zur Geschichte des politischen Widerstandes von Frauen

rororo aktuell, Frauen aktuell, Reinbek 1980

Ruth Weiss / Hans Mayer:

Afrika den Europäern.
Von der Berliner Kongokonferenz 1884 ins Afrika der neuen Kolonisation.

Hammer, Wuppertal 1984

Hannelore Oesterle / Ruth Weiss

Mandelas zornige Erben
Kampf um die Macht in Südafrika.

Hammer, Wuppertal 1986

„... *eine interessante Einführung in die verschiedenen befreiungstheologischen Ansätze in Afrika, Asien und Lateinamerika, die auch für ‚Nichttheologen' gut lesbar ist ... eine spannende Einlassung mit der Herausforderung der Befreiungstheologie.*"

(Dorothee Bülow in: NACHRICHTENDIENST der Deutschen Evangelischen Arbeitsgemeinschaft für Erwachsenenbildung)

(Deutsche Übersetzung von H.-J. Brandt)

220 Seiten, DM 26,50

Eine Einführung in die

THEOLOGIE DER BEFREIUNG

für Pfarrer, Pädagogen, Studenten und Interessierte

Inhalt:

1. Der historische Kontext
  a) Die Geschichte armer Länder
  b) Die Geschichte der Weltmission
  c) Die andere Geschichte

2. Der epistemologische Bruch
  a) Eine nuer Art Theologie zu treiben
  b) Bruch und Kontinuität
  c) Westeuropäische Reaktionen

3. Schwarze Theologie
  a) Rassismus und Sklaverei
  b) Schwarze Theologie in den Vereinigten Staaten
  c) Schwarze Theologie im südafrikanischen Apartheidssystem

4. Afrikanische Theologie und die Befreiung von kultureller und religiöser Herrschaft

5. Theologie in der Karibik und die Rastafari-Bewegung

6. Lateinamerikanische Befreiungstheologie
  a) Die Entdeckung der Abhängigkeit
  b) Christologie im Exil
  c) Basisgemeinden und Volksreligiosität
  d) Die Abseitsstehenden

7. Asiatische Theologie im Kontext anderer Religionen
  a) Der kosmische Christus, die Schöpfung und die menschliche Geschichte
  b) Minjung-Theologie
  c) Auf dem Weg zu einer ökumenischen Theologie

ISTANBUL und der BOSPORUS

Thomas Allom

ebv Rissen

Mit diesem Band wird eine Sammlung von Stahlstichen aus der Frühzeit des Orienttourismus, der ersten Hälfte des 19. Jahrhunderts, in modernem Zweifarbendruck sorgfältig reproduziert.
Im Osmanischen Reich hatte der Europäer damals die Möglichkeit, eine andere Hochkultur zu erleben, die ihm zugleich fremd und doch auch verwandt genug war, um an ihr sein modernes, westliches Selbstbewußtsein zu überprüfen.
Istanbul als Zentrum dieser Kultur war ein ganz besonderer Anziehungspunkt für europäische Interessen im Zeitalter der frühen Industrialisierung.
Es werden Sehenswürdigkeiten vorgestellt, die den Reisenden des frühen 19. Jahrhunderts besonders beeindruckten. Dabei waren aktuelle politische, aber auch militärische Aspekte mit einbezogen.
Die Reisenden möchten die orientalische Lebensweise in Wort und Bild dokumentieren und geben damit ihre Überzeugung zu erkennen, die eigene Zivilisation werde die „alttürkischen" Verhältnisse in naher Zukunft völlig verdrängen.
Die Stahlstiche sind nach Zeichnungen von Thomas Allom vor 1840 entstanden, als das Reisen mühevoll und nicht ungefährlich war. Sie geben genau beobachtete, bis dahin unbekannte Details wieder. Die Sammlung gehört technisch zu den hervorragendsten Reproduktionen der damaligen Zeit. So bereitet sie den Boden für die dann bald aufkommenden fotografischen Dokumentationen.

Mit einer Einführung und Bildbeschreibungen von Karin Hörner (68 Seiten) und 96 zweifarbigen Abbildungen, einseitig bedruckt, Fadenheftung, Ganzleineneinband mit Schutzumschlag, DM 78,50